DAS ULTIMATIVE BURGER GRILLBUCH

Texte und Rezepte: Sabine Durdel-Hoffmann, Elke Eßmann, Brigitte Lotz
Beratung: Burkhard Schröger
Fotos: TLC Fotostudio (Rezeptfotos); Fotolia.com: © ivanbaranov (Illustrationen), © SP-PIC (Holzhintergrund)

DAS ULTIMATIVE
BURGER
GRILLBUCH

INHALT

EINLEITUNG 6

Rund um den Burger

BURGER-BUNS 14
BEILAGEN 16
SALATE 18
DIPS & SAUCEN 20

Burger-Rezepte

RIND & KALB 24
SCHWEIN 48
LAMM & WILD 62
GEFLÜGEL 74
FISCH & MEERESFRÜCHTE 88
VEGGIES 98

REZEPTVERZEICHNIS 112

EINLEITUNG

Der klassische Burger, nach guter amerikanischer Tradition und allen Regeln der Kunst zubereitet, ist rund um die Welt an Beliebtheit nicht zu übertreffen. Denn nur die besten Zutaten werden verwendet, und die Summe seiner Bestandteile macht ihn unwiderstehlich. Unglaublich variantenreich ist die Genuss-Ikone inzwischen geworden – die perfekte Mahlzeit für Groß und Klein!

Traditionelle Beilagen wie Home Made Fries, Wedges oder Cole Slaw machen eine runde Sache geschmacklich noch ein Stück weit runder. Leckere hausgemachte Burger-Brötchen, Ketchup, Saucen und Dips setzen dem Genusserlebnis die Krone auf.

Wer einmal etwa in New York in einem guten amerikanischen Burger-Restaurant wie Shake Shack, P. J. Clarke's oder Bill's Bar and Burger einen nach allen Regeln der Kunst frisch zubereiteten Burger genießen durfte, weiß, von welchem kulinarischen Erlebnis hier die Rede ist. Es schwirren fast so viele Storys um die Entstehung des Hamburgers herum, wie es heute Rezepte gibt. Als Herkunftsort des gegrillten oder gebratenen runden Fleischstücks in einem Brötchen nennen nahezu alle Hamburg, das deutsche Tor zur Welt. Durch dieses verließen bereits im 18. Jahrhundert viele Auswanderer Europa, um nach wochenlanger Seereise eine neue Heimat zu finden.
Um sich noch einmal zu stärken und auch als Reiseproviant bediente man sich einer Hamburger Spezialität, des Rundstücks (Brötchens), gefüllt mit einer Scheibe Braten oder einer Scheibe gewürzten, gebratenen Hackfleisches und mit Sauce. Das machte satt, hielt eine Weile und ließ sich bequem aus der Hand verzehren. Das Gericht mundete wohl damals schon sehr gut.

Wieder über den Hamburger Hafen soll Rindfleisch nach Amerika verschifft worden sein, denn Rindfleisch war in der Neuen Welt Mangelware – es gab ja noch keine Rinderherden. Das englische „hamburger" bezeichnete im Übrigen ursprünglich mageres Rinderhackfleisch. Wann genau und wo nun welcher Restaurant- oder Imbissbudenbesitzer in Amerika den Hamburger in der Form, wie wir ihn heute kennen, erfunden haben mag, darüber scheiden sich die Geister: Ob es das Nobelrestaurant „Delmonico's" in New York, Charlie Nagreen, Fletcher Davies, die Gebrüder Menches in Erie County, Louis Lunch in New Haven oder andere waren, bleibt dahingestellt – wahrscheinlich lag der Burger an vielen Orten zugleich und in ähnlicher Form im wahrsten Sinne des Wortes auf der Hand. Fest steht jedenfalls, dass der Burger in Amerika zu Beginn des 20. Jahrhunderts ein verbreitetes, überaus beliebtes Gericht war. Der Hamburger war ursprünglich alles andere als fragwürdiges Fast Food – der Grundstein zu dieser Reputation wurde, wieder in Amerika, in den 1940er- und 1950er-Jahren von späteren Restaurantketten gelegt, die Zubereitung und Verkauf standardisierten. Kenner haben sich aber längst auf die Ursprünge besonnen und erkannt, dass ein frisch zubereiteter Hamburger mit besten Zutaten geschmacklich eine Offenbarung sein kann: Die Kombination von gegrilltem, gewürztem Fleisch, knackigfrischem Gemüse und aromatischen Saucen, Beilagen oder Dips ist einfach lecker. Und die Kombinationsmöglichkeiten sind so vielfältig, dass immer wieder ein neues Gericht auf den Tisch kommt.
Die Restaurantszene und Grillfreunde haben die amerikanische Tradition des fachkundig gegrillten Burgers längst wieder aufgegriffen und locken mit fantasievollen Kreationen Burger-Fans aller Altersklassen. Bei den Rezepten lässt sich der amerikanische Ursprung

nicht verleugnen, ist aber längst erweitert worden, und sogar Sterneköche in aller Welt bedienen sich nur zu gern des Erfolgsmodells. Es ist – wo auch immer die Wurzeln tatsächlich liegen – heute beliebter denn je. **Enjoy!**

ZUBEREITUNG & ZUTATEN

Was macht einen guten Grillburger aus?

Zunächst einmal werden „Hamburger" und „Cheeseburger" unterschieden: Ein Cheeseburger zeichnet sich, wie der Name schon sagt, durch die Beigabe einer oder mehrerer Scheiben Käse aus. Wir haben im Folgenden nicht streng untergliedert. Denn letzten Endes entscheidet immer der Genießer, ob, welchen und wie viel Käse er auf seinem Grillburger mag. Ein Basisrezept zum „Klassiker", dem Hamburger, finden Sie auf der Seite 26.
Grundsätzlich kann sich ein Grillburger aus verschiedenen – variablen – Komponenten zusammensetzen:

- Fleisch oder vegetarische Zutaten für die sogenannten **„Pattys"** (zum Beispiel Rind, Schwein, Lamm, Geflügel, Fisch und Meeresfrüchte, Bulgur, Tofu)
- Brötchen, die sogenannten **„Buns"** (zum Beispiel Weizen-, Roggen-, Mehrkorn- oder Ciabattabrötchen, auch Brioches oder Fladenbrot)

Und für die **„Toppings"**:

- Salat, Gemüse, Obst
- Käse (zum Beispiel Blauschimmelkäse, Brie, Camembert, Cheddar, Feta, Gouda, Gruyère, Halloumi, Manchego, Mozzarella, Provolone, Taleggio, Ziegenkäse)
- Dressing, Marinade, Pesto, Tapenade, Mayonnaise, Senf, Ketchup, Chutney, Relish und mehr
- Kräuter und Gewürze

Einen leckeren Grillburger selbst zuzubereiten ist kein Hexenwerk, auch wenn die Zutaten und kunstvollen Arrangements in Burger-Restaurants dies vermitteln mögen. Die Utensilien und Zutaten sind weitestgehend in jedem Haushalt vorhanden. Allerdings ist ein wenig Grundwissen bei der Zubereitung aller Bestandteile Voraussetzung für das Gelingen.

> Unser „Baukastensystem" macht die Zubereitung einfach und eröffnet zugleich unendlich viele Kombinationsmöglichkeiten. Und Sie werden sehen: Es ist ebenso leicht, selbst einmal nach Herzenslust kreativ zu kombinieren.

Der Grill

Ob Holzkohlegrill, Gas- oder Elektrogrill, ob offener oder geschlossener Grill, ob Keramik- oder Edelstahlgrill: (Fast) jeder hat einen Grill zu Hause. Im Prinzip lassen sich Burger beinahe auf jedem Grill zubereiten, auch in der gerillten Grillpfanne bzw. gusseisernen Pfanne. Sie können den Burger zum Beispiel in der Pfanne anbraten und im vorgeheizten Backofen in 20–25 Minuten bei 180 °C fertig garen (je nach Zutaten und Garwunsch).
Ob Sie auf dem Grill Kohle oder Briketts verwenden, bleibt Ihnen überlassen: Kohle entwickelt schneller Glut, Briketts brauchen mehr Zeit zum Durchglühen, halten die Glut dafür aber auch länger.

Wir haben uns bei der Zubereitung unserer Rezepte für den **klassischen Holzkohlegrill mit Kohle** (nicht Briketts) entschieden, weil

- Pattys als kleineres, flaches Grillgut sich für das **kurze direkte Grillen** über der Kohle empfehlen, sie werden zügig sehr heiß, es entsteht so eine knusprige Kruste, und ihr Inneres gart, bleibt aber zart
- **Holzkohle** den Grillburgern das einzigartige Rauch- und Röstaroma verleiht, das sie so unwiderstehlich macht
- last, but not least: Grillen auf traditionelle Weise für eine entspannte Atmosphäre sorgt.

Das Zubehör

Um Pattys zu grillen, benötigen Sie im Prinzip die gleichen Utensilien, mit denen Sie auch anderes Grillgut verarbeiten. Manche davon sollten allerdings möglichst in doppelter Ausführung vorhanden sein.

- Holzkohlegrill, Holzkohle, Anzünder
- Burgerpresse: Hier scheiden sich die Geister – wer absolut gleichmäßig geformte Hackfleisch-Pattys bevorzugt, verwendet eine Presse. Es geht auch ohne …
- Grillhandschuhe, Schürze, Küchenkrepp zum Schutz und gegen Schmutz
- Grillbürste mit Drahtborsten, um den Rost vor Gebrauch einwandfrei zu reinigen, damit der Burger nicht am Rost „klebt" oder Schmutzpartikel am Burger anhaften
- Grillzange zum Rangieren der Kohle
- möglichst mehrere Pfannenwender für unterschiedliches Grillgut
- Beistelltisch zum Grill für das Grillgut und die Utensilien

- mehrere Teller zum Ablegen von Grillgut und verwendeten Utensilien
- hitzebeständiges Öl (Pflanzenöl) und Pinsel zum Einölen des Grillrosts
- Pinsel zum Bestreichen des Garguts
- alle Gewürze, Glasuren und andere Zutaten, die bereits beim Grillen auf dem Grillburger verteilt werden sollen

Die Zutaten

Einige Voraussetzungen müssen gegeben sein, damit sich ein Grillburger in Geschmack und Konsistenz von Fertigprodukten etwa aus Fast-Food-Ketten unterscheidet. Das A und O sind die qualitativ guten Zutaten.

FLEISCH

Der klassische Burger wurde mit gewolftem (= gehacktem) Rindfleisch zubereitet – medium gebraten –, aber die Zutatenpalette ist längst erweitert worden, bis hin zu exotischeren Zutaten wie etwa Straußenfleisch. Das verwendete Fleisch (ganz gleich, ob Sie es gewolft oder im Ganzen verwenden) für die Pattys sollte jedoch immer einen bestimmten Fettgehalt (etwa 18–20 Prozent) haben; so bleibt auch das verarbeitete Fleisch saftig. Fett sorgt bei Fleisch darüber hinaus für den „Fleischgeschmack" und ist überdies Geschmacksträger für andere Aromen. Bio-Fleisch, dessen Herkunft und Qualität Sie sicher bestimmen können, gibt es vor allem auf Bio-Höfen in Ihrer Nähe und bei Ihrem Metzger. Vor allem gewolftes Fleisch sollte in jedem Fall frisch sein, es muss kühl transportiert und gelagert sowie zügig nach dem Kauf oder der eigenen Zubereitung verarbeitet werden, um keinen Nährboden für Bakterien zu bieten. Bitten Sie den Metzger Ihres Vertrauens, Ihnen Fleisch Ihrer Wahl frisch durchzuwolfen, dann können Sie in jeder Hinsicht sicher sein. Bitten Sie ihn auch, das Hackfleisch beim Verpacken nicht zusammenzupressen: So fällt Ihnen die Verarbeitung leichter, die Zutaten lassen sich gleichmäßig damit vermischen, und der Burger wird später nicht zu fest. Zu beachten ist auch, dass Hackfleisch am besten durchgegart werden sollte. Sie können auch verschiedene Fleischsorten kombinieren wie etwa Lamm und Rind, Schwein und Lamm, Kalb und Rind oder Rind und Schwein. Die Zugabe von einem Ei und Paniermehl macht den Teig lockerer, ist aber nicht jedermanns Geschmack. Sie können auch nur ein Ei verwenden statt zwei, wie in den Rezepten angegeben. Erweist sich der Teig als zu feucht, verwenden Sie mehr Paniermehl – da ist ein wenig Fingerspitzengefühl erforderlich. Mie de Pain (fein geriebenes Weißbrot ohne Rinde) hat eine feinere Struktur.

Für die Zubereitung von Grillburgern können Sie im Prinzip alle Teile eines Tieres verwenden. Sie können anstatt Hackfleisch auch Hähnchenbrustfilets oder andere zarte Fleischstücke im Ganzen, also ungewolft, im Burger genießen, bei Fisch empfiehlt es sich sogar. Ob Sie lieber mageres Filet und da auch noch edles Wagyu-Fleisch wolfen wollen, ist eine Geschmacks- und Preisfrage. Fleisch und Fisch können vor ihrer Verarbeitung auch mariniert werden.
Einige Teile empfehlen sich jedoch besonders:

Rind
Das Fleisch sollte gut abgehangen sein und eine saftigrote Färbung mit feiner Fettmaserung zeigen. Hier eignen sich zum Beispiel Flanke, Entrecôte, Roastbeef oder auch Nacken. Im Prinzip können Sie verwenden, was Sie mögen, doch je magerer das Fleisch an sich ist, über desto mehr Fettgehalt sollten die anderen Zutaten für die Pattys verfügen.

Kalb
Kalbfleisch ist hellrosa und von feiner Struktur; da es fein im Geschmack ist, sollte es vorsichtig gewürzt werden. Für die Herstellung von Grillburgern eignen sich etwa Schulter und Hüfte.

Schwein
Sein Fleisch ist idealerweise von frischem Rosa und gleichmäßig leicht marmoriert. Rücken, Bauch, Vorder- oder Hinterbeine – hier kommt es im Wesentlichen darauf an, wie fett Sie Ihren Grillburger mögen.

Lamm
Frisches Lammfleisch sollte samtig-rot mit weißem Fett sein. Verwenden Sie zum Beispiel Schulter oder Rücken. Lammfleisch hat einen intensiven, kräftigen Eigengeschmack und verträgt mehr bzw. hocharomatische, kräftige Gewürze und Kräuter.

Wild
Hier kommt es darauf an, ob Sie sich für Hirsch, Reh, Wildschwein, Kaninchen oder andere Wildarten entscheiden, fragen Sie Ihren Metzger. In jedem Fall hat das Fleisch einen kräftigen Eigengeschmack, dem bei der Zubereitung von Grillburgern Rechnung getragen werden sollte.

Geflügel
Ob Hähnchen, Pute, Ente oder Gans – das feine Fleisch der Brustfilets (am Stück oder vom Metzger gewolft) ist am beliebtesten. In jedem Fall gilt: Geflügelfleisch zügig verarbeiten und die benutzten Küchengeräte nicht für andere Zubereitungen nutzen, sondern erst einmal gründlich reinigen.

Fisch
Fisch und Meeresfrüchte können Sie selbstverständlich auch wolfen. Zu beachten ist jedoch, dass diese Grillburger leicht zerfallen können. Deshalb empfiehlt es sich, Fische bzw. Fischfilets und Meeresfrüchte alternativ als Ganzes oder Filet auf dem Grillburger zu genießen. Wählen Sie fettreiche und zugleich festfleischige Arten (Lachs, Heilbutt, Schwertfisch, Seebarsch, Thunfisch), damit der Burger nicht zu trocken wird, und natürlich Meeresfrüchte (zum Beispiel Tintenfische, Miesmuscheln, Austern, Jakobsmuscheln) ohne Schale. Vor der Verarbeitung können Sie diese unter anderem köstlich marinieren.

BRÖTCHEN

Die Buns sorgen nicht nur für den richtigen Rahmen – sie sind mehr als Beiwerk und müssen deshalb ein kleines Wunder vollbringen: Weich genug sollten sie sein, damit beim Biss in den Burger aus der Hand nicht alles verrutscht und auseinanderfällt. Zugleich sollen sie so feinporig-dicht sein, dass sie nicht zu viel Flüssigkeit aufsaugen und matschig werden.

Neben dem Klassiker, dem Weizenbrötchen (mit oder ohne Sesam, Rezept Seite 14), „dürfen" alle Brötchensorten verwendet werden, solange sie die oben genannten Voraussetzungen erfüllen. Wer es etwas herzhafter mag, entscheidet sich für ein Roggenbrötchen (Rezept Seite 15), wer das Mediterrane bevorzugt, für ein Ciabattabrötchen (Rezept Seite 15).
Sie können auch gekaufte Buns verwenden, die inzwischen im breit sortierten Lebensmittelhandel in guter Qualität angeboten werden. Oder Sie verwenden Kaiser-Brötchen, Brioches oder herzhafte Laugenbrötchen, indisches Naanbrot, türkisches Fladenbrot oder einfach dicke Weißbrotscheiben – der Fantasie sind keine Grenzen gesetzt. Alle Varianten sollten aber nicht zu knusprig sein.
Kleiner Tipp gegen das Verrutschen der Burger-Bestandteile: vor dem Servieren einen Holzspieß mittig hineinstecken.

TOPPINGS, DRESSINGS, GEWÜRZE & MEHR

Was auf den Burger kommt, bestimmen allein Sie, und die Möglichkeiten sind unendlich. Die Zutaten können auch noch durch ihre Zubereitungsart zusätzliche Aromen einbringen: **Gewürze** können **angeröstet**, **Gemüse gegrillt**, **Zwiebeln frittiert** oder **karamellisiert** werden, um nur einige Beispiele zu nennen. Wählen Sie zwischen unterschiedlichen Senf-, Ketchup- oder Mayonnaisesorten.
Käse sollte anschmelzen und seine Aromen entfalten, aber nicht völlig zerlaufen, von daher sind manche Käsesorten nicht so geeignet wie andere. Auch Käsezubereitungen mit fester Konsistenz (zum Beispiel Obazda) können eine Option sein, dazugereichte saure Sahne oder Kräuterquark eine weitere.
Angaben zu Fleischdicke, Grillzeiten sowie passende Gewürze finden Sie auf den Einleitungsseiten der einzelnen Kapitel.
Auf den Seiten 14 bis 23 haben wir einige Grundrezepte zusammengestellt, die in unseren Rezeptvorschlägen variiert werden.
Aber werden Sie doch selbst kreativ – wie es auf vielen Speisekarten so schön heißt:
Build your own burger!

Tipps & Tricks

Um leckere Grillburger genießen zu können, sollten Sie einige Hinweise beherzigen:

- Der Grillanzünder muss vollständig abgebrannt sein, damit das Grillgut keinen chemischen Geschmack annimmt.
- Das Grillgut nicht auf den Rost legen, solange Flammen züngeln – das ist nicht nur gefährlich für die Umstehenden, sondern verbrennt auch das Fleisch und macht es ungenießbar.
- Den Rost vor dem Grillen mit hitzebeständigem Pflanzenöl bepinseln, damit die Pattys nicht kleben.
- Das praktische „Baukastensystem" nutzen: Sie mögen ein Patty aus dem Rindfleisch-Kapitel besonders gern, möchten aber ein Topping aus dem Schweinefleisch-Kapitel ausprobieren oder dazu leicht abwandeln? Welche Buns Sie mit welchen Pattys und Toppings kombinieren, bleibt Ihnen überlassen.
- Aufwendigere Toppings vor dem Grillen vorbereiten und warm / kalt stellen bzw. die vorbereiteten Burger in Frischhaltefolie wickeln und kühl stellen, während Sie die Toppings zubereiten. Für vorbereitende Arbeiten lassen sich Einweich- und Marinierzeiten sehr gut nutzen!
- Ein Teig ist sehr locker geraten (etwa, wenn Sie noch nicht das richtige Fingerspitzengefühl für die Verwendung von Paniermehl und Ei entwickelt haben), und Sie haben Sorge, dass er auf dem Grill zerfällt: In Frischhaltefolie wickeln und vor dem Grillen kühlen, dann hält das Patty besser zusammen.
- Pattys möglichst nur einmal wenden, damit sie nicht trocken werden oder zerfallen. Dazu immer einen Pfannenwender benutzen. Haben Sie Geduld! Geben Sie dem Patty genügend Zeit, dann löst es sich wie von selbst vom Rost.
- Die Pattys auf dem Grill nicht mit dem Pfannenwender flach drücken! Das Fleisch wird dann trocken.
- Fisch in Alufolie oder in einem Fischkorb grillen, damit er nicht zerfällt.
- Grundsätzlich eher vorsichtig würzen, da sich die Würzkraft erst beim Erhitzen entfaltet.

BURGER-BUNS

WEIZEN-BUNS

CIABATTA-BUNS

ROGGEN-BUNS

WEIZEN-BUNS

Für 10–12 Buns, Zubereitungszeit: ca. 20 Minuten
(plus Ruhe- und Backzeit und Zeit zum Gehen)

PRO BUN
ca. 211 kcal/883 kJ, 7 g E, 7 g F, 31 g KH

ZUTATEN
ca. 200 ml Milch
50 g Butter
500 g Weizenmehl (Type 405)
1 Würfel frische Hefe (42 g)
1 Ei, 1 Tl Salz
1 Prise Zucker
1 Eigelb
Sesam zum Bestreuen

1| In einem kleinen Topf die Milch mit der Butter erwärmen, sie darf nicht kochen. Währenddessen das Mehl in eine Schüssel füllen und in die Mitte eine Vertiefung drücken. Die Hefe hineinbröckeln.

2| Die warme Milch-Butter-Mischung nach und nach über die Hefe gießen, währenddessen mit dem Mixgerät (Knethaken) auf langsamer Stufe mittig einen Vorteig anrühren. Die Schüssel mit einem sauberen Küchentuch abdecken und den Teig an einem warmen Ort etwa 10 Minuten gehen lassen.

3| Ei, Salz und Zucker zum Vorteig geben und so lange rühren, bis der Teig Blasen wirft und sich vom Schüsselrand löst. Die Schüssel wieder abdecken und den Teig an einem warmen Ort nochmals 25 Minuten gehen lassen.

4| Den Backofen auf 200 °C (Umluft 180 °C) vorheizen. Den Teig mit bemehlten Händen kräftig durchkneten und in 12 Portionen teilen, diese zu Kugeln formen und auf einem mit Backpapier belegten Blech abgedeckt weitere 10 Minuten ruhen lassen. Danach etwas andrücken. Zwischen den Brötchen sollte aber noch genügend Platz sein, denn sie gehen beim Backen auf.

5| Die Brötchen mit verquirltem Eigelb bepinseln und nach Belieben mit Sesam bestreuen. Im vorgeheizten Ofen 20 Minuten backen, sie sollten nicht zu dunkel und zu knusprig werden.

Die Brötchen sollten frisch verzehrt werden.

ROGGEN-BUNS

Für 10–12 Buns, Zubereitungszeit: ca. 20 Minuten
(plus Ruhe- und Backzeit und Zeit zum Gehen)

PRO BUN
ca. 183 kcal/766 kJ, 6 g E, 5 g F, 28 g KH

ZUTATEN
200 ml Milch
50 g Butter
300 g feiner Roggenschrot
200 g Weizenmehl (Type 550)
1 Würfel frische Hefe (42 g)
1 Ei, 1 Tl Salz
1 El Zuckerrübensirup oder Apfelmus

1| In einem kleinen Topf die Milch mit der Butter erwärmen, sie darf nicht kochen. Währenddessen das Mehl in eine Schüssel füllen, gut mischen und in die Mitte eine Vertiefung drücken. Die Hefe hineinbröckeln.

2| Die warme Milch-Butter-Mischung nach und nach über die Hefe gießen, währenddessen mit dem Mixgerät (Knethaken) auf langsamer Stufe mittig einen Vorteig anrühren. Die Schüssel mit einem sauberen Küchentuch abdecken und den Teig an einem warmen Ort etwa 10 Minuten gehen lassen.

3| Ei, Salz und Sirup zum Vorteig geben und so lange rühren, bis der Teig Blasen wirft und sich vom Schüsselrand löst. Die Schüssel wieder abdecken und den Teig an einem warmen Ort nochmals 25 Minuten gehen lassen.

4| Den Backofen auf 200 °C (Umluft 180 °C) vorheizen. Den Teig mit bemehlten Händen kräftig durchkneten und in 12 Portionen teilen, diese zu Kugeln formen und auf einem mit Backpapier belegten Blech abgedeckt weitere 10 Minuten ruhen lassen. Danach etwas andrücken. Zwischen den Brötchen sollte noch genügend Platz sein, denn sie gehen beim Backen auf.

5| Im vorgeheizten Ofen 20 Minuten backen, während des Backvorgangs eine Schale Wasser in den Ofen stellen und die Brötchen auch immer wieder mit Wasser besprühen, damit die Kruste nicht zu knusprig wird, sie sollte eher weich bleiben.

Die Brötchen sollten frisch verzehrt werden.

CIABATTA-BUNS

Für 10–12 Buns, Zubereitungszeit: ca. 20 Minuten
(plus Ruhe- und Backzeit und Zeit zum Gehen)

PRO BUN
ca. 161 kcal/674 kJ, 5 g E, 3 g F, 30 g KH

ZUTATEN
500 g Weizenmehl (Type 550)
zzgl. Mehl zum Bestäuben
½ Würfel frische Hefe (ca. 20 g)
1 knapper El Salz
25 ml Olivenöl

1| Das Mehl in eine Schüssel sieben und in die Mitte eine Vertiefung drücken. Die Hefe hineinbröckeln und nach und nach etwa 300 ml warmes Wasser zugeben, dabei mit dem Knethaken des Mixgeräts einen Vorteig rühren. Die Schüssel mit einem sauberen Küchentuch abdecken und an einem warmen Ort etwa 20 Minuten gehen lassen.

2| Salz und Öl zum Vorteig geben und alles zu einem geschmeidigen Teig verkneten, der Teig bleibt sehr feucht. Wieder abdecken und bei Zimmertemperatur 12 Stunden, also am besten über Nacht, gehen lassen. So wird der Teig sehr luftig und grobporig.

3| Die Arbeitsfläche und den Teig mit reichlich Mehl bestäuben. Den Teig mithilfe eines Teigschabers immer wieder sehr vorsichtig teilen, sanft drücken und falten – die Luftigkeit soll erhalten bleiben. Nochmals abgedeckt 1 Stunde gehen lassen. Den Backofen auf 220 °C (Umluft 200 °C) vorheizen.

4| Den Teig vorsichtig in 12 Segmente teilen und zu Ciabattabrötchen formen. Auf ein mit Backpapier bedecktes Backblech legen, dabei genügend Zwischenraum zwischen den Brötchen lassen. Auf der unteren Schiene etwa 30 Minuten backen. Während des Backvorgangs immer wieder mit Wasser besprühen, damit die Brötchen saftig bleiben.

Die Brötchen sollten frisch verzehrt werden.

BEILAGEN

HOME MADE FRIES

Für 4 Portionen, Zubereitungszeit:
ca. 15 Minuten (plus Frittierzeit)

PRO PORTION
ca. 329 kcal/1377 kJ, 3 g E, 28 g F, 84 g KH

ZUTATEN
600 g Frittierfett
6 große Kartoffeln
Salz

1| Die Fritteuse vorheizen und das Frittierfett hineingeben.

2| Die Kartoffeln schälen, waschen und in dicke Stifte schneiden. Mit Küchenpapier abtupfen, damit möglichst wenig Feuchtigkeit anhaftet. Hat die Fritteuse eine Temperatur von 160 °C erreicht, die Kartoffeln für 10 Minuten in das Fett geben.

3| Die Kartoffeln herausheben und in ein großes, mit Küchenpapier ausgelegtes Sieb füllen, abtropfen lassen.

4| Die Temperatur der Fritteuse auf 180 °C erhöhen und die vorgegarten Kartoffeln im Fett in weiteren 5 Minuten goldbraun und knusprig frittieren. Nochmals auf Küchenpapier abtropfen lassen, in eine Schüssel füllen und nach Belieben salzen.

WEDGES

Für 4 Portionen, Zubereitungszeit: ca. 15 Minuten (plus Garzeit)

PRO PORTION
ca. 250 kcal/1046 kJ, 4 g E, 9 g F, 29 g KH

ZUTATEN
800 g Kartoffeln
4 El Pflanzenöl
1 Tl Paprikapulver
Salz

1| Den Backofen auf 200 °C (Umluft 180 °C) vorheizen.

2| Die Kartoffeln gut waschen, trocknen und längs in Spalten schneiden. In einer Schüssel mit Öl, Paprikapulver und Salz vermengen.

3| Ein Blech mit Backpapier belegen und die Kartoffelspalten darauf verteilen. Im Ofen 30–40 Minuten garen.

NACHOS

Für 4 Portionen, Zubereitungszeit: ca. 15 Minuten (plus Ruhe- und Backzeit)

PRO PORTION
ca. 278 kcal/1163 kJ, 1 g E, 8 g F, 46 g KH

ZUTATEN
250 g Maismehl
½ Tl Salz
Sonnenblumenöl zum Braten
edelsüßes Paprikapulver zum Bestreuen

1| Das Maismehl in eine Schüssel sieben und nach und nach 250 ml lauwarmes Wasser zugießen. Langsam zu einem geschmeidigen Teig kneten, diesen 5–7 Minuten ruhen lassen. Mit dem Salz nochmals kneten.

2| Den Teig auf Backpapier setzen, mit einem weiteren Stück Backpapier bedecken und mit dem Nudelholz sehr dünn (2 mm) ausrollen. Teigkreise von beliebigem Durchmesser ausstechen oder -schneiden.

3| In einer beschichteten Pfanne das Öl erhitzen und die Teigkreise nach und nach in ½ Minute von jeder Seite bei mittlerer Temperatur backen.

4| Abkühlen lassen und in größere Dreiecke schneiden. Knusprig frittieren oder im vorgeheizten Backofen knusprig werden lassen und nach Belieben würzen.

CAESAR'S SALAD

Für 4 Portionen, Zubereitungszeit: ca. 20 Minuten

PRO PORTION
ca. 761 kcal/3184 kJ, 14 g E, 73 g F, 3 g KH

ZUTATEN
2 dicke Scheiben Weißbrot
200 ml Olivenöl zzgl. ewas zum Rösten
2 kleine Köpfe Römersalat
1 Avocado
2 El Zitronensaft
1 Knoblauchzehe
4 Sardellenfilets
1 Eigelb
1 El Worcestersauce
Salz
Zucker
100 g Parmesan

1| Von den Weißbrotscheiben die Rinde abschneiden und das Brot klein würfeln. In einer beschichteten Pfanne etwas Olivenöl erhitzen und die Brotwürfel darin rösten. Beiseitestellen.

2| Den Römersalat putzen, waschen, trocken schleudern und die Blätter grob zerzupfen. Die Avocado halbieren, den Kern herauslösen und das Fruchtfleisch aus der Schale löffeln. Würfeln und mit etwas Zitronensaft beträufeln.

3| Den Knoblauch schälen und fein hacken, die Sardellenfilets ebenfalls hacken. Eigelb mit dem übrigen Zitronensaft verrühren. Das Olivenöl erst tropfenweise, dann in feinem Strahl zugießen und verrühren. Alles mit Worcestersauce und den Gewürzen zu einer Creme rühren, abschmecken.

4| Den Salat mit dem Dressing mischen. Die Brotwürfel darüberstreuen und den Parmesan in groben Spänen darüberhobeln.

COLE SLAW

Für 4 Portionen, Zubereitungszeit: ca. 30 Minuten (plus Zeit zum Ziehen)

PRO PORTION
ca. 167 kcal/699 kJ, 6 g E, 8 g F, 16 g KH

ZUTATEN
1 kleiner Weißkohl
2–3 kleine Karotten
2 Schalotten
150 g Naturjoghurt
50 g Salatmayonnaise
Saft von ½ Zitrone
1 El Apfelessig
1 El Zucker
Salz
frisch gemahlener Pfeffer

1| Die äußeren Blätter des Weißkohls entfernen. Den Kohl in grobe Stücke teilen und die Blätter in kleine Rauten schneiden. Die Karotten putzen, schälen und reiben. Die Schalotten schälen und würfeln.

2| Die übrigen Zutaten zu einer Salatcreme verrühren und mit dem Gemüse mischen. Der Salat sollte nicht zu „trocken" sein. In den Kühlschrank stellen und 1 Stunde durchziehen lassen.

3| Den Salat etwa 15 Minuten vor dem Servieren wieder aus dem Kühlschrank nehmen, damit er nicht zu kalt ist.

GARTEN-WILD-KRÄUTER-SALAT

Für 4 Portionen, Zubereitungszeit: ca. 15 Minuten

PRO PORTION
ca. 138 kcal/577 kJ, 2 g E, 10 g F, 3 g KH

ZUTATEN
2 Cocktailtomaten
1 kleine Salatgurke
120 g Rucola
40 g Löwenzahn
20 g Sauerampfer
3 große Bärlauchblätter
1 fein gehackte Schalotte
½ Tl Dijonsenf
3 El weißer Aceto balsamico
4 El Kürbiskernöl
1 Prise Zucker
Salz
frisch gemahlener Pfeffer

1| Die Cocktailtomaten waschen und vierteln. Die Gurke mit einem Sparschäler in Streifen abschälen und in Scheiben schneiden. Den Salat und die Kräuter putzen bzw. waschen und trocken schütteln. Grob zerzupfen.

2| Die übrigen Zutaten zu einem Dressing verrühren, abschmecken und mit dem Salat mischen.

Salat und Kräuter wählen Sie nach Saison und Belieben.

FRITTIERTE ZWIEBELRINGE

Für 4 Portionen, Zubereitungszeit: ca. 40 Minuten

PRO PORTION
ca. 260 kcal/1087 kJ, 8 g E, 10 g F, 28 g KH

ZUTATEN
Frittierfett
2 Gemüsezwiebeln
150 g Weizenmehl
2 Eier
Salz
70 ml Bier

1| In einem großen Topf oder in einer Fritteuse das Fett erhitzen (auf ca. 180 °C).

2| Die Zwiebeln abziehen und in dicke Ringe schneiden. Alle übrigen Zutaten zu einem Teig verrühren. Die Zwiebelringe durchziehen und goldgelb frittieren. Auf Küchenpapier abtropfen lassen.

GARTEN-WILDKRÄUTER-SALAT

DIPS & SAUCEN

MAYONNAISE

Für 4 Portionen, Zubereitungszeit: ca. 10 Minuten

PRO PORTION
ca. 51 kcal/213 kJ, 2 g E, 9 g F, 1 g KH

ZUTATEN
1 Eigelb
1 El Zitronensaft
1 El Senf
1 Prise Salz
1 Prise frisch gemahlener Pfeffer
1 Prise Zucker
125 ml neutrales Öl
weitere Zutaten nach Belieben

Alle Zutaten bis auf das Öl in einer Schüssel verrühren. Das Öl zunächst tropfenweise, dann in feinem Strahl zugeben und dabei ständig rühren, bis die Mayonnaise eine gleichmäßige, fein-cremige Konsistenz hat.

Diese Basis-Mayonnaise können Sie nach Gericht und Belieben mit Gewürzen, gehackten Kräutern, gemahlenen Kräutern, Ketchup, gehacktem Ei, Zitronenabrieb und -saft und vielem mehr variieren.

AIOLI

Für 4 Portionen, Zubereitungszeit: ca. 10 Minuten

PRO PORTION
ca. 624 kcal/2611 kJ, 2 g E, 66 g F, 2 g KH

ZUTATEN
2 Eigelb
1 El Zitronensaft
5 Knoblauchzehen
260 ml Olivenöl
Salz, frisch gemahlener Pfeffer

Die Eigelbe mit Zitronensaft verrühren und die Knoblauchzehen schälen und dazupressen. Das Olivenöl tropfenweise unterrühren, bis eine Mayonnaise entstanden ist. Mit den Gewürzen abschmecken.

SOUR CREAM

Für 4 Portionen, Zubereitungszeit: ca. 10 Minuten

PRO PORTION
ca. 47 kcal/197 kJ, 5 g E, 2 g F, 3 g KH

ZUTATEN
½ Bund krause Petersilie
125 g Magerquark
125 g Naturjoghurt
1 El Schnittlauchröllchen
½ fein gehackte Zwiebel
1 Spritzer Zitronensaft
Salz, frisch gemahlener Pfeffer

Die Petersilie waschen, trocken schütteln und die Blätter sehr fein hacken. Mit den anderen Zutaten gut verrühren, abschmecken und kühl stellen.

SOUR CREAM

GUACAMOLE

GUACAMOLE

Für 4 Portionen, Zubereitungszeit: ca. 10 Minuten

PRO PORTION
ca. 130 kcal/544 kJ, 1 g E, 12 g F, 3 g KH

ZUTATEN
2 Avocados
8 Stängel Koriandergrün
1 fein gehackte kleine Zwiebel
1 entkernte, fein gehackte rote Chilischote
Salz, frisch gemahlener Pfeffer

1| Die Avocados halbieren, entkernen und den Kern beiseitelegen. Das Fruchtfleisch aus den Hälften löffeln und in einer Schüssel mit einer Gabel zerdrücken. Das Koriandergrün waschen, trocken schütteln und die Blättchen abzupfen, sehr fein hacken.

2| Alle Zutaten miteinander mischen und abschmecken. Den Avocadokern zum Püree geben, damit es bis zum Servieren seine frische grüne Farbe behält.

KETCHUP

Für 4 Portionen, Zubereitungszeit: ca. 20 Minuten

PRO PORTION
ca. 127 kcal/531 kJ, 6 g E, 0 g F, 29 g KH

ZUTATEN
4 Äpfel
4 fein gehackte Zwiebeln
400 g Tomatenmark
1 El Currypulver
1 El Salz, 1 Prise Zimt
1 El Zuckerrübensirup
100 ml Apfelessig

1| Die Äpfel schälen und vierteln, dabei entkernen. In sehr kleine Stücke schneiden.

2| In einem Topf alle Zutaten mit wenig Wasser (nach gewünschter Konsistenz) mischen und weich kochen, danach sehr fein pürieren. Den Ketchup in saubere Flaschen füllen, gut verschließen und kühl lagern.

BBQ-SAUCE

Für ca. 600 ml, Zubereitungszeit: ca. 20 Minuten (plus Zeit zum Ziehen und Kochzeit)

PRO PORTION
ca. 129 kcal/540 kJ, 3 g E, 1 g F, 17 g KH

ZUTATEN
1 geräucherte Chipotle-Chilischote
75 ml Apfelessig
750 g Strauchtomaten
1 gehackte Gemüsezwiebel
2 gehackte Knoblauchzehen
50 g brauner Zucker
1 El Zuckerrübensirup
1 Tl scharfer Senf
1 Tl Salz
1 Tl frisch gemahlener Pfeffer
1 Tl Chilipulver
1 Prise gemahlener Kreuzkümmel

1| Die Chilischote in einer kleinen Schüssel mit etwas Apfelessig übergießen und zugedeckt bei Zimmertemperatur 1 Tag ziehen lassen, dann hacken. Die Tomaten kreuzweise einritzen, mit kochendem Wasser überbrühen und häuten. Die Stielansätze entfernen und das Fruchtfleisch grob würfeln. Die Chilischote aus dem Essig nehmen und grob hacken.

2| Chili, Tomaten, Zwiebel, Knoblauch und den übrigen Essig in einem Topf aufkochen lassen. Zucker, Zuckerrübensirup, Senf, Salz, Pfeffer, Chilipulver und Kreuzkümmel einrühren und die Sauce unter Rühren ca. 30 Minuten köcheln lassen. Anschließend durch ein feines Sieb in einen weiteren Topf passieren und dickflüssig einkochen.

RIND & KALB

Es empfiehlt sich, Pattys aus gehacktem Rind- und Kalbfleisch, die ca. 2 cm dick sind, bei direkter mittlerer bis starker Hitze insgesamt etwa 3–4 Minuten pro Seite zu grillen. Die genaue Grilldauer hängt natürlich von der Art des Garguts, dem Grill und nicht zuletzt dem persönlichen Geschmack ab.

Das Fleisch harmoniert mit Gewürzen und Kräutern wie etwa Chili, Knoblauch, Oregano, Paprika, Petersilie, Rosmarin, Salbei oder Thymian.

DER HAMBURGER

FÜR 4 PORTIONEN
ZUBEREITUNGSZEIT: CA. 30 MINUTEN

PRO PORTION
ca. 790 kcal/3305 kJ 57 g E 44 g F 53 g KH

BUNS

4 Weizenbrötchen mit Sesam (Rezept Seite 14)

PATTYS

Basics:
600 g Rinderhack
Salz
frisch gemahlener Pfeffer

Fülle & Halt:
1 trockenes Brötchen
ca. 120 ml lauwarme Milch
1 fein gewürfelte Zwiebel
2 Eier

Gewürze & Aromen:
3 El fein gewürfelte rote Paprikaschote
1 Prise Chilipulver
1 Tl getrockneter Thymian
1 Tl getrockneter Rosmarin

TOPPINGS

4 grüne Salatblätter
2 eingelegte Gurken
4 Tomaten
4 Scheiben Gouda
4 Tl Ketchup (Rezept Seite 22)
4 Tl Mayonnaise (Rezept Seite 20)

Gutes Fleisch, Salz und, nach Belieben, Pfeffer sind die Basics für ein klassisches Hamburger-Patty - mehr braucht es eigentlich nicht. Brötchen, Zwiebeln und Eier verleihen dem Patty mehr Fülle und halten die Zutaten zusammen, die Menge richtet sich nach dem persönlichen Geschmack. Auch die Zugabe von Gewürzen und Aromen ist beliebig.

1| Das Brötchen würfeln und in der Milch 10 Minuten einweichen, gut ausdrücken. Alle Zutaten bis auf die Gewürze in eine Schüssel geben und gut vermengen. Anschließend nach Belieben mit den Gewürzen abschmecken.

2| Mit feuchten Händen aus dem Teig 4 Pattys formen und von jeder Seite etwa 3–4 Minuten grillen. Die Burger-Brötchen halbieren und die Schnittflächen kurz auf dem Grill antoasten.

3| Für die Toppings die Salatblätter waschen und trocken schütteln. Die Gurken in dünne Scheiben schneiden. Die Tomaten waschen und ebenfalls in dünne Scheiben schneiden, dabei den Stielansatz entfernen.

4| Jeweils die untere Brötchenhälfte mit 1 Salatblatt, den Gurkenscheiben, dem Patty, 1 Scheibe Käse und den Tomatenscheiben belegen. Darauf je 1 Tl Ketchup und Mayonnaise geben und die obere Brötchenhälfte aufsetzen.

Dazu schmecken
MAISKOLBEN

Pro Portion ca. 103 kcal/431 kJ
7 g E   29 g F   33 g KH

4 junge Maiskolben
Salz
125 g kalte Butter
4 Knoblauchzehen
frisch gemahlener Pfeffer

Die enthülsten Maiskolben in Salzwasser ca. 15 Minuten garen, abtropfen lassen und für ca. 15 Minuten auf den Grill legen. Häufiger wenden. Die Butter in Stückchen schneiden, mit dem ausgepressten Knoblauch und den Gewürzen mischen und auf die Maiskolben geben.

DOUBLE-DOUBLE-
CHEESEBURGER

FÜR 4 PORTIONEN
ZUBEREITUNGSZEIT: CA. 30 MINUTEN

PRO PORTION
ca. 1061 kcal/4439 kJ 65 g E 86 g F 64 g KH

BUNS

4 Weizenbrötchen mit Sesam (Rezept Seite 14)

PATTYS

1 trockenes Brötchen
ca. 120 ml lauwarme Milch
600 g Rinderhack
3 El fein gewürfelte rote Paprikaschote
1 fein gewürfelte Zwiebel
2 Eier
½ Tl Chilipulver
1-2 El Worcestersauce
1 Tl getrockneter Thymian
1 Tl getrockneter Rosmarin
Salz
frisch gemahlener Pfeffer

TOPPINGS

4 große grüne Salatblätter
2 eingelegte Gurken
1 rote Zwiebel
Ketchup (Rezept Seite 22)
Mayonnaise (Rezept Seite 20)
8 Scheiben junger Gouda
8 Scheiben mittelalter Gouda

1| Das Brötchen würfeln und 10 Minuten in der Milch einweichen, gut ausdrücken. Alle Zutaten bis auf die Gewürze in eine Schüssel geben und gut vermengen. Anschließend nach Belieben mit den Gewürzen abschmecken.

2| Mit feuchten Händen aus dem Teig 4 Pattys formen und von jeder Seite etwa 3-4 Minuten grillen. Die Burger-Brötchen halbieren und die Schnittflächen kurz auf dem Grill antoasten.

3| Für die Toppings die Salatblätter waschen und trocken schütteln. Die Gurken in dünne Scheiben schneiden. Die Zwiebel abziehen und in dicke Scheiben schneiden.

4| Jeweils auf die untere Brötchenhälfte nach Belieben dicke Tupfer Ketchup und Mayonnaise setzen. Mit je 1 Salatblatt belegen. Dieses mit je 1 Scheibe jungem und mittelaltem Gouda so versetzt belegen, dass die farblich unterschiedlichen Ecken des Käses zu sehen sind. Patty und wieder je 1 Scheibe jungen und mittelalten Gouda versetzt darauflegen. Mit Gurkenscheiben belegen und mit Zwiebelringen garnieren. Die obere Brötchenhälfte aufsetzen.

Dazu Ketchup und Mayonnaise servieren.

BUFFALO-RANCH-BURGER

FÜR 4 PORTIONEN
ZUBEREITUNGSZEIT: CA. 30 MINUTEN

PRO PORTION
ca. 839 kcal/3510 kJ 50 g E 50 g F 44 g KH

BUNS

4 Roggenbrötchen (Rezept Seite 15)

PATTYS

1 trockenes Brötchen
ca. 120 ml lauwarme Milch
600 g Rinderhack (vom Black-Angus-Rind oder vergleichbare Qualität)
3 Tl fein gehackte schwarze Oliven
1 El fein gewürfelte Zwiebel
2 Eier
1 Prise Jalapeño-Chili-Pulver
1–2 Tl Jerk (jamaikanische Grill-Gewürzmischung)
Salz
frisch gemahlener Pfeffer

TOPPINGS

1 kleiner Kopf Römersalat
3 El Aceto balsamico
2 El Olivenöl
1 El Waldhonig
1 El Pinienkerne
Salz
frisch gemahlener Pfeffer
4 dicke Scheiben Gorgonzola

1| Das Brötchen würfeln und in der Milch ca. 10 Minuten einweichen, gut ausdrücken. Alle Zutaten für die Pattys bis auf die Gewürze in eine Schüssel geben und gut vermengen. Anschließend nach Belieben mit den Gewürzen abschmecken.

2| Mit feuchten Händen aus dem Teig 4 Pattys formen und von jeder Seite etwa 3–4 Minuten grillen. Die Burger-Brötchen halbieren und die Schnittflächen auf dem Grill kurz antoasten.

3| Für die Toppings den Salat putzen, waschen, die Blätter grob zerzupfen. Aus Aceto balsamico, Olivenöl, Waldhonig und Pinienkernen sowie Salz und Pfeffer ein Dressing herstellen und den Salat damit anrichten. Der Salat sollte nicht zu feucht sein.

4| Den Salat auf den unteren Brötchenhälften anrichten. Patty auflegen und jeweils 1 Scheibe Gorgonzola darauf verteilen. Pfeffer grob darübermahlen und die obere Brötchenhälfte aufsetzen. Dazu BBQ-Sauce (Rezept Seite 23) und frittierte Zwiebelringe (Rezept Seite 19) reichen.

Alternativ schmeckt statt des Pattys ein medium gegrilltes Hüftsteak.

Dazu schmecken

MARSALA-CHAMPIGNONS

Pro Portion ca. 126 kcal/527 kJ
2 g E 7 g F 1 g KH

1 fein gehackte Schalotte
Olivenöl zum Braten
250 g braune Champignons
100 ml Marsala
20 g Butter
Salz, frisch gemahlener Pfeffer

In einer Pfanne bei mittlerer Hitze die Zwiebelwürfel in Olivenöl glasig braten. Die Champignons putzen, feucht abreiben und in Scheiben schneiden. Zu den Zwiebelwürfeln geben, die Temperatur erhöhen und die Pfanne hin und wieder schwenken. Bei mittlerer Temperatur einige Minuten weiterbraten, dann mit dem Marsala ablöschen. Die Flüssigkeit reduzieren lassen und mit der Butter binden. Abschmecken und servieren.

STEAK-FRITES-BURGER

FÜR 4 PORTIONEN
ZUBEREITUNGSZEIT: CA. 25 MINUTEN

PRO PORTION
ca. 834 kcal/3490 kJ   45 g E   56 g F   35 g KH

BUNS

4 Weizenbrötchen mit Sesam (Rezept Seite 14)

PATTYS

1 trockenes Brötchen
ca. 120 ml lauwarme Milch
600 g Rinderhack
3 El fein gewürfelte rote Paprikaschote
1 fein gewürfelte Zwiebel
2 El grob gehackte glatte Petersilienblätter
2 Eier
½ Tl Chilipulver
1 Tl getrockneter Thymian
Salz
frisch gemahlener Pfeffer

TOPPINGS

8 Blätter Eisbergsalat
120 g Kräuterbutter

1| Das Brötchen würfeln und in der Milch ca. 10 Minuten einweichen, gut ausdrücken. Alle Zutaten für die Pattys bis auf die Gewürze in eine Schüssel geben und gut vermengen. Anschließend nach Belieben mit den Gewürzen abschmecken.

2| Mit feuchten Händen aus dem Teig 4 Pattys formen und von jeder Seite etwa 3–4 Minuten grillen. Die Burger-Brötchen halbieren und die Schnittflächen auf dem Grill kurz antoasten.

3| Für die Toppings den Salat waschen, trocken schütteln, die Blätter in feine Streifen schneiden. Die untere, noch warme Brötchenhälfte dünn mit Kräuterbutter bestreichen. Darauf die Salatstreifen anrichten. Patty auflegen und kurz vor dem Servieren jeweils 1 dicke Scheibe Kräuterbutter auf das noch warme Patty setzen.

Dazu schmecken knusprige dünne Pommes frites und Kräuter- oder Zitronenmayonnaise (Grundrezept Mayonnaise Seite 20).

Dazu schmeckt

PAPRIKA-RELISH

Pro Portion ca. 101 kcal/424 kJ
2 g E 7 g F 9 g KH

2 rote Paprikaschoten
2 El Öl
1 fein gewürfelte Zwiebel
1 Knoblauchzehe
½ Tl Paprikapulver
4 El Weißweinessig
Salz
1 El Zucker
frisch gemahlener Pfeffer

Die Paprika entkernen, waschen und in kleine Würfel schneiden. In einer Pfanne in dem Öl die Zwiebelwürfel glasig anbraten. Paprikawürfel, Knoblauch und Paprikapulver zufügen und alles weitere 4–5 Minuten dünsten. Dann ca. 8 El Wasser, Essig, Salz und Zucker zugeben und unter Rühren ca. 40 Minuten einkochen, bis die Mischung sämig wird. Mit Salz und Pfeffer abschmecken. Eventuell pürieren. Zum Servieren abkühlen lassen.

BURGER MEDITERRAN

FÜR 4 PORTIONEN
ZUBEREITUNGSZEIT: CA. 30 MINUTEN

PRO PORTION
ca. 764 kcal/3197 kJ   49 g E   44 g F   42 g KH

BUNS

4 Ciabattabrötchen (Rezept Seite 15)

PATTYS

1 trockenes Brötchen
ca. 120 ml lauwarme Milch
1 Zucchini
600 g Rinderhack
1 fein gewürfelte Zwiebel
2 Eier
½ Tl Paprikapulver
1 Tl getrockneter Oregano
Salz
frisch gemahlener Pfeffer

TOPPINGS

4 große grüne Salatblätter
1 Fleischtomate
200 g Feta
4 El BBQ-Sauce (Rezept Seite 23)
frisch gemahlener Pfeffer
12 Kalamata-Oliven ohne Stein

1| Das Brötchen würfeln und in der Milch 10 Minuten einweichen lassen, gut ausdrücken. Zucchini waschen, putzen und fein würfeln oder raspeln. Alle Zutaten für die Pattys bis auf die Gewürze in eine Schüssel geben und gut vermengen. Anschließend nach Belieben mit den Gewürzen abschmecken.

2| Mit feuchten Händen aus dem Teig 4 Pattys formen und von jeder Seite etwa 3–4 Minuten grillen. Die Burger-Brötchen halbieren und die Schnittflächen auf dem Grill kurz antoasten.

3| Für die Toppings die Salatblätter waschen und trocken schütteln. Die Fleischtomate waschen und in 8 Scheiben schneiden, dabei den Stielansatz entfernen. Den Feta vorsichtig in dünne Scheiben oder Segmente schneiden.

4| Die unteren Brötchenhälften mit der BBQ-Sauce bestreichen. Die Salatblätter, die Tomatenscheiben und die Pattys auflegen. Darauf den Feta anrichten und etwas Pfeffer darübermahlen. Mit Oliven dekorieren, die obere Brötchenhälfte anlegen und den Burger mit weiterer BBQ-Sauce servieren.

MEXICAN BURGER

FÜR 4 PORTIONEN
ZUBEREITUNGSZEIT: CA. 35 MINUTEN

PRO PORTION
ca. 834 kcal/3490 kJ   46 g E   48 g F   58 g KH

BUNS

4 Weizenbrötchen (Rezept Seite 14)

PATTYS

1 trockenes Brötchen
ca. 120 ml lauwarme Milch
100 g Maiskörner (aus der Dose)
600 g Rinderhack
1 fein gewürfelte Zwiebel
2 Eier
1 Tl scharfer Senf
2 El gehacktes Koriandergrün
½ Tl Paprikapulver
Salz
frisch gemahlener Pfeffer

TOPPINGS

1 reife Avocado
1 fein gewürfelte Schalotte
1 fein gehackte Knoblauchzehe
1 El saure Sahne
Saft von ½ Zitrone
Salz
frisch gemahlener Pfeffer
1 Msp. Cayennepfeffer
4 große grüne Salatblätter
2 Tomaten
1 Zwiebel

1| Das Brötchen würfeln und in der Milch 10 Minuten einweichen, gut ausdrücken. Den Mais abgießen und abtropfen lassen. Alle Zutaten bis auf die Gewürze in eine Schüssel geben und gut vermengen. Anschließend nach Belieben mit den Gewürzen abschmecken.

2| Mit feuchten Händen aus dem Teig 4 Pattys formen und von jeder Seite etwa 3-4 Minuten grillen. Die Burger-Brötchen halbieren und die Schnittflächen kurz auf dem Grill antoasten.

3| Für die Toppings die Avocado halbieren, schälen und den Kern herauslösen. Das Fruchtfleisch in eine Schüssel geben und mit einer Gabel zu Püree zerdrücken. Schalottenwürfel, Knoblauch, saure Sahne und Zitronensaft unterrühren und mit Salz, Pfeffer und Cayennepfeffer abschmecken.

4| Die Salatblätter waschen und trocken schütteln. Die Tomaten waschen, in Scheiben schneiden, dabei den Stielansatz entfernen. Die Zwiebel abziehen und in dünne Ringe schneiden. Salatblätter auf die unteren Brötchenhälften verteilen. Die Pattys auflegen und jeweils mit Avocadocreme bestreichen. Tomatenscheiben darauf anrichten und mit Zwiebelringen garnieren. Die oberen Brötchenhälften aufsetzen.

PFIFFERLING-BURGER

FÜR 4 PORTIONEN
ZUBEREITUNGSZEIT: CA. 30 MINUTEN (PLUS GARZEIT)

PRO PORTION
ca. 821 kcal/3435 kJ 54 g E 49 g F 49 g KH

BUNS

4 Weizenbrötchen (Rezept Seite 14)

PATTYS

1 trockenes Brötchen
ca. 120 ml lauwarme Milch
3 El Pinienkerne
600 g Rinderhack
3 El eingelegte Kapern
1 Tl getrockneter Oregano
2 Eier
Salz
frisch gemahlener Pfeffer

TOPPINGS

4 große Blätter dunkler Eichblattsalat
400 g Pfifferlinge
4 Frühlingszwiebeln
2 El Butter
Salz
frisch gemahlener Pfeffer
4 El gehackte glatte Petersilienblätter
4 Tl BBQ-Sauce (Rezept Seite 23)
4 Scheiben Cheddar

1| Das Brötchen würfeln und in der Milch 10 Minuten einweichen, gut ausdrücken. Die Pinienkerne fein hacken. Alle Zutaten bis auf die Gewürze in eine Schüssel geben und gut vermengen. Anschließend nach Belieben mit den Gewürzen abschmecken.

2| Mit feuchten Händen aus dem Teig 4 Pattys formen und von jeder Seite etwa 3-4 Minuten grillen. Die Buns halbieren und die Schnittflächen kurz auf dem Grill antoasten.

3| Für die Toppings die Salatblätter waschen und trocken schütteln. Die Pfifferlinge putzen und ggf. halbieren. Die Frühlingszwiebeln putzen, waschen und in feine Ringe schneiden.

4| In einer Pfanne die Butter zerlassen und die Pilze darin etwa 10 Minuten bei mittlerer Hitze dünsten. Am Ende der Garzeit mit Salz und Pfeffer würzen und mit der Petersilie vermischen.

5| Jeweils die untere Brötchenhälfte mit 1 Tl Barbecuesauce beträufeln. Salatblatt und Patty auflegen. Die Pfifferlinge gleichmäßig darauf verteilen und mit den Frühlingszwiebeln garnieren. Zum Schluss mit 1 Scheibe Käse belegen.
Die obere Brötchenhälfte aufsetzen und mit je 1 kleinen Holzspieß fixieren.

BURGER ORIENTALISCH

FÜR 4 PORTIONEN
ZUBEREITUNGSZEIT: CA. 30 MINUTEN

PRO PORTION
ca. 624 kcal/2611 kJ 41 g E 37 g F 25 g KH

BUNS

1 Fladenbrot

PATTYS

1 trockenes Brötchen
ca. 120 ml lauwarme Milch
600 g Rinderhack
1 fein gewürfelte Zwiebel
1 fein gehackte Knoblauchzehe
2 Eier
2 El gehackte Petersilie
½ Tl Paprikapulver
1 Msp. Zimt
Salz
frisch gemahlener Pfeffer

TOPPINGS

200 g junge Spinatblätter
1 Granatapfel
100 g Vollmilchjoghurt
3 El Olivenöl
Salz
Pfeffer

1| Das Brötchen würfeln und in der Milch 10 Minuten einweichen, gut ausdrücken. Alle Zutaten bis auf die Gewürze in eine Schüssel geben und gut vermengen. Anschließend nach Belieben mit den Gewürzen abschmecken.

2| Mit feuchten Händen aus dem Teig 4 Pattys formen und von jeder Seite etwa 3-4 Minuten grillen.

3| Für die Toppings die Spinatblätter waschen und trocken schütteln. Granatapfel halbieren und die Kerne mit einem Teelöffel herauslösen, den austretenden Saft dabei auffangen. Granatapfelkerne und -saft mit Joghurt und Olivenöl verrühren, mit Salz und Pfeffer abschmecken. Spinat mit der Granatapfel-Joghurt-Sauce mischen.

4| Das Fladenbrot vierteln, die Viertel teilen und auf dem Grill anrösten (alternativ toasten). Die Brotunterseiten mit den Pattys und dem Spinat belegen. Die oberen Brotviertel daraufsetzen und mit je 1 Holzstäbchen fixieren.

BURGER ANDALUSISCH

FÜR 4 PORTIONEN
ZUBEREITUNGSZEIT: CA. 30 MINUTEN

PRO PORTION
ca. 910 kcal/3808 kJ 64 g E 54 g F 48 g KH

BUNS

4 Ciabattabrötchen (Rezept Seite 15)

PATTYS

1 trockenes Brötchen
ca. 120 ml lauwarme Milch
600 g Rinderhack
1 fein gewürfelte Zwiebel
2 Eier
½ Tl Habanero-Chilipaste
1 Tl getrockneter Oregano
1 Tl getrockneter Rosmarin
Salz
frisch gemahlener Pfeffer

TOPPINGS

2 rote Chilischoten
75 g Mayonnaise (Rezept Seite 20)
2 fein gehackte Knoblauchzehen
1 El Paprikapulver
Salz
8 Scheiben Serranoschinken
8 Scheiben Manchego
Basilikumblätter nach Belieben

1| Das Brötchen würfeln und in der Milch 10 Minuten einweichen lassen, gut ausdrücken. Alle Zutaten für die Pattys bis auf die Gewürze in eine Schüssel geben und gut vermengen. Anschließend nach Belieben mit den Gewürzen abschmecken.

2| Mit feuchten Händen aus dem Teig 4 Pattys formen und von jeder Seite etwa 3–4 Minuten grillen. Die Burger-Brötchen halbieren und die Schnittflächen auf dem Grill kurz antoasten.

3| Für die Toppings die Chilischoten entkernen, waschen und fein hacken. Mit der Mayonnaise und dem Knoblauch in einen Mixer geben und cremig rühren. Mit Paprikapulver und Salz würzen.

4| Die unteren Brötchenhälften mit der Paprikamayonnaise bestreichen. Jeweils 1 Scheibe Schinken und Käse, dann 1 Patty und wieder 1 Scheibe Käse und Schinken darauflegen. Mit mehr Paprikamayonnaise und Basilikum nach Belieben abschließen und die zweite Brötchenhälfte aufsetzen.

Dazu schmeckt BBQ-Sauce (Rezept Seite 23).

Dazu schmeckt

TOMATEN-CHILI-SALSA

Pro Portion ca. 73 kcal/305 kJ
2 g E 3 g F 8 g KH

3 Tomaten
2 rote Zwiebeln
3 El Rotweinessig
1 El Honig
1 El Rapsöl
1 El Chilipaste
2 El frisch gehacktes
 Koriandergrün
Salz

Tomaten waschen, entkernen und fein würfeln. Zwiebeln abziehen und fein hacken. Essig mit Honig, Öl, Chilipaste und Koriander verrühren. Alle Zutaten mischen und mit Salz abschmecken.

SURF & TURF

FÜR 4 PORTIONEN
ZUBEREITUNGSZEIT: CA. 35 MINUTEN (PLUS ZEIT ZUM MARINIEREN)

PRO PORTION
ca. 605 kcal/2531 kJ 46 g E 28 g F 41 g KH

BUNS

4 Weizenbrötchen (Rezept Seite 14)

PATTYS

4 Rinderfiletsteaks (à 120 g)
100 ml Tomatensaft
60 ml Olivenöl
2 Spritzer Tabasco
2 El Wodka
1 El Zitronensaft
1 El abgeriebene Schale von
1 unbehandelten Zitrone
1 Tl Kreuzkümmel
2 Zweige Rosmarin
4 Knoblauchzehen
Salz
frisch gemahlener Pfeffer

TOPPINGS

200 g küchenfertige (geschälte, entdarmte) Garnelen (ohne Kopf)
1 rote Zwiebel
4 El Mayonnaise (Rezept Seite 20)

1| Das Rinderfilet waschen und trocken tupfen. Für die Marinade Tomatensaft mit 30 ml Olivenöl, Tabasco, Wodka, Zitronensaft, 1 Tl Zitronenschale und Kreuzkümmel verrühren. Rosmarin waschen, trocken schütteln und die Nadeln hacken. Die Hälfte zur Marinade geben. 2 Knoblauchzehen schälen und fein hacken. Ebenfalls zur Marinade geben.

2| Das Fleisch in einen ausreichend großen Gefrierbeutel füllen und die Marinade dazugießen. Den Beutel gut verschließen und das Fleisch über Nacht marinieren lassen.

3| Die Garnelen 3 Stunden vor dem Grillen mit dem restlichen Olivenöl, der restlichen Zitronenschale, den restlichen, klein gehackten Knoblauchzehen und dem restlichen Rosmarin in einen Gefrierbeutel geben und marinieren.

4| Das Grillgut in ein Sieb geben und gut abtropfen lassen, dann trocken tupfen. Salzen, pfeffern und ca. 6–8 Minuten grillen, dabei ein- bis zweimal wenden. Die Garnelen dazu ggf. auf zuvor gewässerte Spieße stecken.

5| Für die Toppings die Zwiebel abziehen und in feine Ringe schneiden. Die unteren Brötchenhälften mit Zwiebelringen und je 1 Filet belegen. Je 1 El Mayonnaise daraufgeben und die Garnelen darauf anrichten. Die zweite Brötchenhälfte aufsetzen und mit je 1 kleinen Holzspieß fixieren.

CAESAR'S-SALAD-BURGER

FÜR 4 PORTIONEN
ZUBEREITUNGSZEIT: CA. 30 MINUTEN

PRO PORTION
ca. 726 kcal/3038 kJ 52 g E 40 g F 41 g KH

BUNS

4 Weizenbrötchen (Rezept Seite 14)

PATTYS

1 trockenes Brötchen
ca. 120 ml lauwarme Milch
600 g Rinderhack
1 fein gewürfelte Zwiebel
2 Eier
1-2 Tl mittelscharfer Senf
1 Tl getrockneter Oregano
Salz
frisch gemahlener Pfeffer

TOPPINGS

1 Römersalat
2 hart gekochte Eier
4 El Mayonnaise (Rezept Seite 20)
2 El Schmand
50 g geriebener Parmesan
Salz
frisch gemahlener Pfeffer

1| Das Brötchen würfeln und in der Milch 10 Minuten einweichen lassen, gut ausdrücken. Alle Zutaten für die Pattys bis auf die Gewürze in eine Schüssel geben und gut vermengen. Anschließend nach Belieben mit den Gewürzen abschmecken.

2| Mit feuchten Händen aus dem Teig 4 Pattys formen und von jeder Seite etwa 3-4 Minuten grillen. Die Burger-Brötchen halbieren und die Schnittflächen auf dem Grill kurz antoasten.

3| Für die Toppings die Salatblätter abzupfen, waschen und trocken schütteln, dann in feine Streifen schneiden. Eier in Scheiben schneiden. In einer kleinen Schüssel Mayonnaise, Schmand und Parmesan verrühren und mit Salz und Pfeffer würzen.

4| Die unteren Brötchenhälften mit der Mayonnaise bestreichen und etwas Salat aufschichten. Die Pattys und wieder Salat und Mayonnaise darübergeben. Mit Eierscheiben dekorieren. Die oberen Brötchenhälften aufsetzen.

Alternativ schmeckt der Burger mit 1 dicken Scheibe Pastrami oder Corned Beef statt des Pattys.

SCHWEIN

Pattys aus gehacktem Schweinefleisch, die ca. 2 cm dick sind, werden bei direkter mittlerer Hitze von jeder Seite etwa 3–4 Minuten gegrillt. Die Art des Garguts, des Grills und der bevorzugte Gargrad bestimmen die genaue Grilldauer.

Das Fleisch harmoniert mit Gewürzen und Kräutern wie etwa Cayennepfeffer, Curry, Gewürznelke, Ingwer, Kardamom, Koriander, Lorbeer, Majoran oder Muskatnuss.

BREAKFAST-BURGER

FÜR 4 PORTIONEN
ZUBEREITUNGSZEIT: CA. 35 MINUTEN

PRO PORTION
ca. 1087 kcal/4548 kJ 63 g E 65 g F 54 g KH

BUNS

4 Weizenbrötchen (Rezept Seite 14)

PATTYS

1 trockenes Brötchen
ca. 120 ml lauwarme Milch
600 g Schweinehack
2 El gewürfelter geräucherter Speck
10 g Röstzwiebeln
2 Eier
20 g gehackter grüner Pfeffer (aus dem Glas)
1 El mittelscharfer Senf
1 El gehackte milde Peperoni
1 Msp. Chilipulver zzgl. etwas zum Garnieren
Salz
frisch gemahlener Pfeffer

TOPPINGS

4 Scheiben Bacon
800 g Baked Beans (2 Dosen)
4 dicke Scheiben Cheddar
Pflanzenöl zum Braten
4 Eier

1| Das Brötchen würfeln und in der Milch 10 Minuten einweichen, gut ausdrücken. Mit den anderen Zutaten außer den Gewürzen in eine Schüssel geben und gut vermengen. Anschließend nach Belieben mit den Gewürzen abschmecken.

2| Mit feuchten Händen aus dem Teig 4 Pattys formen und von jeder Seite etwa 3-4 Minuten grillen. Die Burger-Brötchen halbieren und die Schnittflächen kurz auf dem Grill antoasten.

3| Für die Toppings in einer Pfanne ohne Fett den Bacon knusprig braten, aus der Pfanne nehmen und auf Küchenpapier etwas abtropfen lassen. Die Baked Beans erwärmen. In einer großen Pfanne mit wenig Fett 4 Spiegeleier braten.

4| Jeweils die untere Brötchenhälfte mit 1 Scheibe Bacon und dem Patty belegen. Darauf reichlich Baked Beans verteilen. Den Cheddar auflegen und mit dem Spiegelei krönen. Etwas Chilipulver darüberstäuben und die obere Brötchenhälfte aufsetzen.

Dazu schmeckt

MANGO-CHILI-SALSA

Pro Portion ca. 79 kcal/330 kJ
1 g E 1 g F 10 g KH

- 1 große reife Mango
- 1 rote Zwiebel
- ½ frische rote Chilischote
- 2 El Öl
- Saft von 1 Limette
- Salz
- 1 Tl brauner Zucker

Mango schälen und in Stücken vom Kern schneiden, das Fruchtfleisch fein würfeln. Zwiebel abziehen und würfeln. Chili entkernen, waschen und die Schote fein hacken. Alle Zutaten mit Öl, Limettensaft, Salz und Zucker verrühren, vor dem Servieren etwa 20 Minuten durchziehen lassen.

CURRY-BURGER

FÜR 4 PORTIONEN
ZUBEREITUNGSZEIT: CA. 30 MINUTEN

PRO PORTION
ca. 703 kcal/2941 kJ 16 g E 44 g F 48 g KH

BUNS

4 Weizenbrötchen (Rezept Seite 14)

PATTYS

1 trockenes Brötchen
ca. 120 ml lauwarme Milch
600 g Schweinehack
1 walnussgroßes Stück geriebener Ingwer
1 fein gewürfelte Zwiebel
2 Eier
1-2 Tl Currypulver
Salz
frisch gemahlener Pfeffer

TOPPINGS

4 große grüne Blätter Friséesalat
1 rote Zwiebel
4 El Mayonnaise (Rezept Seite 20)

1| Das Brötchen würfeln und in der Milch 10 Minuten einweichen, gut ausdrücken. Alle Zutaten bis auf die Gewürze in eine Schüssel geben und gut vermengen. Anschließend nach Belieben mit den Gewürzen abschmecken.

2| Mit feuchten Händen aus dem Teig 4 Pattys formen und von jeder Seite etwa 3–4 Minuten grillen. Die Burger-Brötchen halbieren und die Schnittflächen kurz auf dem Grill antoasten.

3| Für die Toppings die Salatblätter waschen und trocken schütteln. Die Zwiebel abziehen und in dünne Scheiben schneiden.

4| Je 1 Tl Mayonnaise auf der unteren Brötchenhälfte verstreichen. Je 1 Salatblatt und das Patty darauflegen. Die restliche Mayonnaise und die Zwiebelringe auf die Burger verteilen. Die oberen Brötchenhälften auflegen.

PARMASCHINKEN-BURGER
MIT MOZZARELLA

FÜR 4 PORTIONEN
ZUBEREITUNGSZEIT: CA. 30 MINUTEN

PRO PORTION
ca. 1054 kcal/4410 kJ 76 g E 57 g F 41 g KH

BUNS

4 Ciabattabrötchen (Rezept Seite 15)

PATTYS

1 trockenes Brötchen
ca. 120 ml lauwarme Milch
600 g Schweinehack
2 El gewürfelter milder Speck
1 fein gewürfelte Zwiebel
2 Eier
2 gehackte festfleischige, kleine Tomaten
1 El Tomatenmark
1 El gehackte krause Petersilienblätter
1 El Pinienkerne
1 El Aceto balsamico zzgl. etwas zum Garnieren
½ Tl Paprikapulver
Meersalz
frisch gemahlener Pfeffer

TOPPINGS

150 g Rucola
2 El weißer Aceto balsamico
2 El Olivenöl
Salz
frisch gemahlener Pfeffer
12 Scheiben Parmaschinken
300 g Mozzarella affumicata

1| Das Brötchen würfeln und in der Milch 10 Minuten einweichen, gut ausdrücken. Mit den anderen Zutaten außer den Gewürzen in eine Schüssel geben und gut vermengen. Anschließend nach Belieben mit den Gewürzen abschmecken.

2| Mit feuchten Händen aus dem Teig 4 Pattys formen und von jeder Seite etwa 3-4 Minuten grillen.

3| Für die Toppings den Rucola waschen und trocken schütteln, große Blätter grob zerzupfen. Aus Aceto balsamico, Olivenöl und den Gewürzen ein Dressing anrühren und den Salat damit nicht zu feucht marinieren.

4| Die Burger-Brötchen halbieren. Jeweils die untere Brötchenhälfte mit Salat bedecken, darauf das Patty anrichten. Den Mozzarella in dicke Scheiben schneiden und auf das Patty legen. Je 3 Scheiben Parmaschinken locker darauf verteilen. Mit Aceto balsamico beträufeln und mit etwas Salz und Pfeffer würzen. Die obere Brötchenhälfte auflegen.

Dazu schmeckt

HASELNUSS-PESTO

Pro Portion ca. 330 kcal/1381 kJ
6 g E 13 g F 4 g KH

2 Bund glatte Petersilie
8 große Basilikumblätter
75 g Haselnüsse
2 Knoblauchzehen
60 ml Olivenöl
1 El Nussöl
3 El geriebener Parmesan
Salz
frisch gemahlener Pfeffer

Petersilie und Basilikumblätter waschen und trocken schütteln. Mit den Haselnüssen und den Knoblauchzehen im Mixer fein pürieren. Die Öle langsam einfließen lassen, Parmesan unterrühren und abschmecken. Das Pesto statt des Aceto balsamicos großzügig auf die Mozzarellascheiben träufeln. Wer die Haselnüsse durch mehr Kräuter ersetzt, genießt ein köstliches **Pesto verde**.

Dazu schmecken

GEGRILLTE GRÜNE PEPERONI

Pro Portion ca. 31 kcal/130 kJ
0 g E   3 g F   1 g KH

16 kleine grüne Paprikaschoten (Pimientos de Padrón)
Olivenöl zum Beträufeln
Meersalz zum Bestreuen

Die Paprikaschoten putzen, waschen, mit Olivenöl beträufeln und weich grillen, alternativ in einer Pfanne mit Olivenöl scharf anbraten und in 4–6 Minuten weich garen. Mit reichlich Meersalz bestreut servieren.

IBÉRICO-BURGER
MIT CHORIZO

FÜR 4 PORTIONEN
ZUBEREITUNGSZEIT: CA. 35 MINUTEN

PRO PORTION
ca. 1109 kcal/4640 kJ   60 g E   69 g F   45 g KH

BUNS

4 Roggenbrötchen (Rezept Seite 15)

PATTYS

1 trockenes Brötchen
ca. 120 ml lauwarme Milch
600 g Schweinehack
2 El gewürfelter geräucherter Speck
1 fein gewürfelte rote Zwiebel
1 fein gewürfelte Knoblauchzehe
2 Eier
2 El gehackte rote Paprikaschote
1 El rote Paprikapaste (Mojo)
1 Msp. mittelscharfes Pimentón de la Vera (spanisches Paprikapulver)
Meersalz
frisch gemahlener Pfeffer

TOPPINGS

200 g Manchego
150 g Chorizo
2 mittelgroße Kumato-Tomaten
reichlich Aioli (Rezept Seite 21) zum Bestreichen, Garnieren und Dazureichen

1| Das Brötchen würfeln und in der Milch 10 Minuten einweichen, gut ausdrücken. Mit den anderen Zutaten außer den Gewürzen in eine Schüssel geben und gut vermengen. Anschließend nach Belieben mit den Gewürzen kräftig abschmecken.

2| Mit feuchten Händen aus dem Teig 4 Pattys formen und von jeder Seite etwa 3–4 Minuten grillen.

3| Für die Toppings den Manchego in dünne Scheiben, die Chorizo in hauchfeine Scheiben schneiden. Die Tomaten waschen und ebenfalls in Scheiben schneiden, dabei den Stielansatz entfernen.

4| Die Burger-Brötchen halbieren. Jeweils die untere Brötchenhälfte mit Aioli bestreichen. So mit Manchegoscheiben belegen, dass die Käsedreiecke über die Brötchen hinausragen. Locker mit Chorizoscheiben bedecken und die Pattys darauf anrichten. Mit den Tomatenscheiben belegen und reichlich Aioli daraufgeben. Die obere Brötchenhälfte anlegen. Mit mehr Aioli servieren.

ALOHA-BURGER

FÜR 4 PORTIONEN
ZUBEREITUNGSZEIT: CA. 30 MINUTEN

PRO PORTION
ca. 808 kcal/3382 kJ 40 g E 55 g F 41 g KH

BUNS

4 Weizenbrötchen (Rezept Seite 14)

PATTYS

600 g Schweinefilet
Salz
frisch gemahlener Pfeffer
2 El Waldhonig
1 El Sesamsaat
4 Scheiben mittelalter Gouda
rote Pfefferkörner

TOPPINGS

4 dicke Scheiben Ananas
1 El brauner Zucker
6 El Salatcreme
1 kleiner Kopf Friséesalat
4 Cocktailkirschen

1| Das Schweinefilet schräg in größere, nicht zu dicke Scheiben schneiden. Die Medaillons würzen. Von jeder Seite nicht länger als 4–5 Minuten grillen, das Fleisch sollte noch zart und innen leicht rosafarben sein. Während des Grillens dünn mit Waldhonig bepinseln. Nach dem Grillen mit Sesamsaat bestreuen und die Käsescheiben auf die noch heißen Pattys legen, damit der Käse schmilzt. Großzügig rote Pfefferkörner darübergeben.

2| Die Ananasscheiben mit Zucker bestreuen, den Zucker ggf. mit dem Pfannenwender etwas andrücken. Die Scheiben von jeder Seite 2–3 Minuten grillen. Der Zucker sollte leicht karamellisiert, die Ananas jedoch nicht zu weich sein.

3| Die Burger-Brötchen halbieren und jeweils die untere Brötchenhälfte mit Salatcreme bestreichen. Den Salat putzen, die Blätter waschen und trocken schütteln, auf die Brötchenhälfte legen, darauf die Schweinemedaillons arrangieren. Die Ananasscheiben darauflegen. Mit den ganzen, halbierten oder in feine Scheibchen geschnittenen Cocktailkirschen garnieren. Die obere Brötchenhälfte aufsetzen.

Dazu schmeckt

APRIKOSEN-CHUTNEY

Pro Portion ca. 120 kcal/502 kJ
2 g E 3 g F 20 g KH

- 2 getrocknete Aprikosen
- 5 frische Aprikosen
- 1 Tl Sonnenblumenöl
- 1 Prise getrockneter Kreuzkümmel
- ½ fein gehackte rote Chilischote
- 1 Tl Rosinen
- 1 Tl frisch geriebener Ingwer
- 1 Spritzer Zitronensaft
- Salz
- brauner Zucker

Die getrockneten Aprikosen fein schneiden. Die frischen Aprikosen waschen, entkernen und das Fruchtfleisch in kleine Stücke schneiden. In einem Topf das Öl erhitzen und den Kreuzkümmel hinzufügen. Chili, getrocknete Aprikosen, Rosinen und Ingwer ebenfalls in den Topf geben. Die frischen Aprikosen mit 1 El Wasser zugeben. Bei milder Hitze nur so lange garen lassen, bis die Aprikosen weich sind. Zitronensaft unterrühren und mit Salz und Zucker abschmecken. Abkühlen lassen und servieren.

BACON-BURGER
MIT STEINPILZEN

FÜR 4 PORTIONEN
ZUBEREITUNGSZEIT: CA. 35 MINUTEN (PLUS BRATZEIT)

PRO PORTION
ca. 897 kcal/3753 kJ 49 g E 60 g F 40 g KH

BUNS

4 Weizenbrötchen (Rezept Seite 14)

PATTYS

1 trockenes Brötchen
ca. 120 ml lauwarme Milch
600 g Schweinehack
2 El gewürfelter geräucherter Speck
2 fein gehackte Schalotten
2 Eier
2 El gehackte getrocknete Steinpilze
1 El geriebener Parmesan
4 in feine Streifen geschnittene Salbeiblätter
Salz
frisch gemahlener Pfeffer
4 Scheiben Bacon

TOPPINGS

2 Scheiben Bacon
250 g Feldsalat
600 g frische Steinpilze
Pflanzenöl zum Braten
20 g Butter
1 Tl Thymianblättchen
½ fein gehackte Knoblauchzehe
Salz
frisch gemahlener Pfeffer
1 El gehackte Petersilienblätter
2 El Schmand

1| Das Brötchen würfeln und in der Milch 10 Minuten einweichen, gut ausdrücken. Mit den anderen Zutaten außer den Gewürzen und dem Bacon in eine Schüssel geben und gut vermengen. Anschließend nach Belieben mit den Gewürzen abschmecken.

2| Mit feuchten Händen aus dem Teig 4 Pattys formen, die Baconscheiben darumlegen und von jeder Seite etwa 3-4 Minuten grillen. Die Burger-Brötchen halbieren und die Schnittflächen kurz auf dem Grill antoasten.

3| Für die Toppings in einer Pfanne den Bacon knusprig rösten. Aus der Pfanne nehmen, etwas abkühlen lassen und zerbröckeln. Den Feldsalat putzen, waschen und trocken schütteln.

4| Die Steinpilze putzen und in dicke Scheiben schneiden. Etwas Öl in einer Pfanne erhitzen und die Pilze darin anbraten. Butter, Thymian und Knoblauch zufügen und alles weiterbraten. Würzen, die Petersilie und den Schmand unterrühren.

5| Den Feldsalat auf die unteren Brötchenhälften verteilen, mit etwas von dem ausgelassenen Baconfett beträufeln. Den Bacon über den Salat streuen, darauf das Patty anrichten. Mit Steinpilzen bedecken und die oberen Brötchenhälften daraufsetzen.

Dazu BBQ-Sauce (Rezept Seite 23) servieren.

LAMM & WILD

Lamm- oder Wildfleischpattys, die ca. 2 cm dick sind, werden bei direkter mittlerer bis starker Hitze von jeder Seite etwa 4–5 Minuten gegrillt. Wie lange genau gegrillt wird, hängt von der Art des Garguts, dem Grill und Ihrem persönlichen Geschmack ab.

Lamm- und Wildfleisch besitzen ein starkes Eigenaroma, würzen Sie also kräftig, zum Beispiel Lamm mit Beifuß, Bohnenkraut, Gewürznelke, Ingwer, Knoblauch, Kreuzkümmel, Kümmel, Lorbeer, Minze, Thymian oder Zitronenschale.

Zu Reh und Hirsch schmecken Kräuter und Gewürze wie Ingwer, Lorbeer, Muskat, Nelken, Piment, Rosmarin, Thymian, Wacholder oder Zimt, zu Wildschwein außerdem Kümmel.

LAMM-BURGER GRIECHISCH

FÜR 4 PORTIONEN
ZUBEREITUNGSZEIT: CA. 30 MINUTEN

PRO PORTION
ca. 768 kcal/3213 kJ   43 g E   39 g F   45 g KH

BUNS

4 Weizenbrötchen (Rezept Seite 14)

PATTYS

1 trockenes Brötchen
ca. 120 ml lauwarme Milch
1 Knoblauchzehe
1 Schalotte
600 g Lammhack
2 Eier
1 Tl getrockneter Oregano
Salz
frisch gemahlener Pfeffer
100 g Feta

TOPPINGS

¼ Eisbergsalat
1 Fleischtomate
50 g schwarze Oliven
50 g Feta
100 g griechischer Joghurt
1 gehackte Knoblauchzehe
Salz
frisch gemahlener Pfeffer
glatte Petersilienblätter zum Dekorieren

1| Das Brötchen würfeln und in der Milch 10 Minuten einweichen lassen, gut ausdrücken. Die Knoblauchzehe durch eine Knoblauchpresse drücken. Die Schalotte abziehen und fein hacken. Alle Zutaten für die Pattys bis auf Gewürze und Feta in eine Schüssel geben und gut vermengen. Das Lammhack mit den Gewürzen nach Belieben abschmecken.

2| Den Feta in vier gleich große Stücke schneiden. Mit feuchten Händen aus dem Lammhack 4 Kugeln formen. In jede Kugel eine Mulde drücken, Feta hineingeben und Mulde schließen, dann zu Pattys formen. Die Pattys von jeder Seite etwa 4-5 Minuten grillen. Die Burger-Brötchen halbieren und die Schnittflächen auf dem Grill kurz antoasten.

3| Für die Toppings den Salat putzen, waschen und grob zerzupfen. Tomate und Oliven in Scheiben schneiden. Feta mit der Gabel zerdrücken, dann mit Joghurt und Knoblauch verrühren. Mit Salz und Pfeffer abschmecken.

4| Die unteren Brötchenhälften mit etwas Salat belegen. Die Pattys und wieder Salat und Joghurtsauce darübergeben. Mit Tomatenscheiben belegen und mit Oliven und Petersilie dekorieren. Obere Brötchenhälften auflegen und mit je 1 Holzspieß fixieren.

KEBAB-BURGER

MIT GRILLGEMÜSE

FÜR 4 PORTIONEN
ZUBEREITUNGSZEIT: CA. 35 MINUTEN (PLUS KOCHZEIT)

PRO PORTION
ca. 637 kcal/2665 kJ 44 g E 52 g F 51 g KH

BUNS

4 Weizenbrötchen mit Sesam (Rezept Seite 14)

PATTYS

1 trockenes Brötchen
ca. 120 ml lauwarme Milch
400 g Lammhack
200 g Rinderhack
2 gewürfelte Schalotten
2 Eier
1 rote Chilischote
1 grüne Chilischote
1 Knoblauchzehe
½ Tl Paprikapulver edelsüß
Salz
frisch gemahlener Pfeffer

TOPPINGS

1 große rote Paprikaschote
1 Gemüsezwiebel
1 Aubergine
Olivenöl zum Beträufeln
Salz
20 g Zucker
2 El fein gehackte Minzeblätter
100 g Naturjoghurt
100 ml Sahne
frisch gemahlener Pfeffer

1| Das Brötchen würfeln und in der Milch 10 Minuten einweichen, gut ausdrücken. Dann mit dem Hack, den Schalotten und den Eiern in eine Schüssel geben und gut vermengen. Die Chilischoten halbieren, entkernen, waschen und fein hacken. Die Knoblauchzehe schälen und durch eine Knoblauchpresse drücken. Alles unter den Teig kneten und mit den Gewürzen nach Belieben abschmecken.

2| Mit feuchten Händen aus dem Teig 4 Pattys formen und von jeder Seite etwa 4–5 Minuten grillen.

3| Für die Toppings das Gemüse putzen, waschen bzw. schälen und in grobe Segmente bzw. dicke Scheiben schneiden. Mit Olivenöl beträufeln, würzen und von beiden Seiten grillen, bis das Gemüse weich ist und ein schönes Röstaroma hat.

4| In einem kleinen Topf Zucker, 1 El Minzeblätter und 100 ml Wasser bei niedriger Temperatur köcheln. Dabei immer wieder umrühren, bis sich der Zucker aufgelöst hat. Abkühlen lassen, dann mit Joghurt und Sahne cremig aufschlagen.

5| Die Brötchen halbieren und dünn mit Minzjoghurt bestreichen. Eine Hälfte des gegrillten Gemüses auf die Brötchen verteilen. Die Pattys darauflegen und mit der anderen Hälfte des Gemüses bedecken. Pfeffer darübermahlen. Dicke Tupfer von dem Minzjoghurt daraufsetzen und mit den restlichen Minzeblättern bestreuen. Die oberen Brötchenhälften aufsetzen und mit je 1 Holzspieß fixieren.

LAMM-SPINAT-BURGER

FÜR 4 PORTIONEN
ZUBEREITUNGSZEIT: CA. 35 MINUTEN (PLUS ZEIT ZUM DÜNSTEN)

PRO PORTION
ca. 895 kcal/3745 kJ   57 g E   49 g F   53 g KH

BUNS

4 Roggenbrötchen (Rezept Seite 15)

PATTYS

1 trockenes Brötchen
ca. 120 ml lauwarme Milch
10 schwarze Oliven ohne Stein
600 g Lammhack
1 gewürfelte Schalotte
2 Eier
1 Knoblauchzehe
½ Tl gemahlener Kreuzkümmel
1 Tl scharfes Paprikapulver
Salz
frisch gemahlener Pfeffer

TOPPINGS

5 Tl Mayonnaise (Rezept Seite 20)
3 Tl Meerrettich
500 g zarter frischer Blattspinat
500 g Lauch
2 El Butter
4 El Paniermehl
100 g frisch geriebener Parmesan
1 Msp. geriebene Muskatnuss
Salz
frisch gemahlener Pfeffer
2 El gehackte glatte Petersilienblätter

1| Für die Pattys das Brötchen würfeln und in der Milch 10 Minuten einweichen, gut ausdrücken. Die Oliven klein schneiden. Das Hack und die restlichen Zutaten bis auf die Gewürze und den Knoblauch in eine Schüssel geben und gut vermischen. Anschließend die Knoblauchzehe schälen, durch eine Knoblauchpresse drücken und unterkneten. Den Teig mit den Gewürzen nach Belieben abschmecken.

2| Mit angefeuchteten Händen aus dem Teig 4 Pattys formen und von jeder Seite etwa 4-5 Minuten grillen. Die Brötchen halbieren und die Schnittflächen auf dem Grill antoasten.

3| Für die Toppings die Mayonnaise mit dem Meerrettich verrühren. Die Spinatblätter waschen und gut abtropfen lassen. Die Lauchstangen waschen, putzen und in dünne Scheiben schneiden.

4| In einer Pfanne die Butter zerlassen und die Lauchringe darin 8-10 Minuten andünsten. Den Spinat zugeben und die Blätter leicht zusammenfallen lassen. Vom Herd nehmen. Sollte die Mischung zu flüssig sein, das Gemüse in einem Sieb etwas abtropfen lassen. In einer Schüssel den Lauch und den Spinat mit dem Paniermehl und dem Parmesan mischen. Mit den Gewürzen abschmecken.

5| Die untere Brötchenhälfte mit je 1 Tl Meerrettichmayonnaise bestreichen. Die Spinat-Lauch-Mischung auf den Buns verteilen und je 1 Patty auflegen. Mit der gehackten Petersilie bestreuen. Die oberen Brötchenhälften gleichmäßig mit der restlichen Mayonnaise bestreichen und anlegen.

Dazu schmeckt

GRANATAPFEL-RELISH

Pro Portion ca. 114 kcal/477 kJ
1 g E 7 g F 11 g KH

2 Granatäpfel
1 Schalotte
2 El fein gehackte Basilikumblätter
1 Tl geriebener Ingwer
2 El Olivenöl
4 El Apfelessig
1 Msp. Zimt
1 Msp. Chilipulver
Salz
frisch gemahlener Pfeffer

Die Granatäpfel halbieren und die Kerne herauslösen. Die Schalotte schälen und fein hacken. In einer Schüssel Granatapfelkerne und Schalottenwürfel mit dem Basilikum und dem Ingwer mischen. Olivenöl und Apfelessig zugeben und das Ganze nach Belieben würzen. Vor dem Servieren etwa 30 Minuten durchziehen lassen.

LAMM-AUBERGINEN-BURGER

FÜR 4 PORTIONEN
ZUBEREITUNGSZEIT: CA. 40 MINUTEN (PLUS ZEIT ZUM ZIEHEN)

PRO PORTION
ca. 1229 kcal/5142 kJ 48 g E 93 g F 48 g KH

BUNS

4 Weizenbrötchen (Rezept Seite 14)

PATTYS

1 trockenes Brötchen
ca. 120 ml lauwarme Milch
1 Zwiebel
100 g Feta
600 g Lammhack
2 Eier
1 Knoblauchzehe
1 Tl getrockneter Salbei
Salz
frisch gemahlener Pfeffer

TOPPINGS

2 Auberginen
Salz
2 Fleischtomaten
1 Zweig Rosmarin
4 El Olivenöl
1 Schälchen Rote-Bete-Sprossen

Für die Salsa verde:
2 Knoblauchzehen, 1 Zwiebel
1 El eingelegte Kapern
2 El Schnittlauchröllchen
2 El gehackte Basilikumblätter
150 ml Olivenöl, ½ El Himbeeressig
1 El Limettensaft
Salz, frisch gemahlener Pfeffer

1| Das Brötchen würfeln und in der Milch 10 Minuten einweichen, gut ausdrücken. Die Zwiebel schälen, fein hacken und den Schafskäse in kleine Würfel schneiden. Das Hack und die restlichen Zutaten bis auf den Knoblauch und die Gewürze in eine Schüssel geben und gut vermischen. Anschließend die Knoblauchzehe schälen, durch eine Knoblauchpresse drücken und unterkneten. Den Teig mit den Gewürzen nach Belieben abschmecken. Mit angefeuchteten Händen 4 Pattys formen und von jeder Seite 4–5 Minuten grillen.

2| Die Auberginen waschen, trocken reiben und in 1 cm dicke Scheiben schneiden. Die Scheiben mit etwas Salz bestreuen und 5 Minuten ziehen lassen.

3| In der Zwischenzeit für die Salsa verde den Knoblauch und die Zwiebel abziehen und fein hacken. Die Kapern abtropfen lassen und klein schneiden. Knoblauch, Zwiebelwürfel und Kapern mit Schnittlauch und Basilikum in eine Schüssel geben. Öl, Essig und Limettensaft hinzufügen und alles gut vermengen. Würzen.

4| Die Tomaten in Scheiben schneiden, dabei den Stielansatz entfernen. Die Auberginenscheiben mit Küchenpapier trocken tupfen. Rosmarin fein hacken und mit dem Olivenöl vermischen. Die Auberginen von beiden Seiten mit dem Öl bestreichen und salzen. Auf dem Grill in etwa 6–8 Minuten von beiden Seiten bräunen.

5| Die Brötchen halbieren und den unteren Teil mit der Hälfte der Salsa verde bestreichen. Die Tomaten auf den Buns verteilen. Je 1 Patty auflegen, dann die Auberginenscheiben darauf anrichten und das Gemüse mit der restlichen Salsa bedecken. Mit Sprossen garnieren und die oberen Brötchenhälften anlegen.

REH-BURGER MIT QUITTEN

UND PREISELBEER-RELISH

FÜR 4 PORTIONEN
ZUBEREITUNGSZEIT: CA. 40 MINUTEN (PLUS KOCHZEIT)

PRO PORTION
ca. 1046 kcal/4377 kJ 50 g E 25 g F 131 g KH

BUNS

4 Roggenbrötchen (Rezept Seite 15)

PATTYS

600 g Rehhack
3 fein gewürfelte Schalotten
150 g gewürfelter ungeräucherter Speck
4 El Paniermehl, 2 Eier
1 Tl Dijonsenf
1 Tl frisch gehackter Thymian
1 Tl frisch gehackter Rosmarin
1 Tl Abrieb von 1 unbehandelten Orange
Salz, frisch gemahlener Pfeffer

TOPPINGS

320 g Quitten (Birnenquitten)
50 g brauner Zucker
250 ml roter Süßwein (z. B. Marsala)
1 Msp. Zimt
Speisestärke zum Binden nach Belieben

Für das Preiselbeer-Relish:
1 Chilischote, 2 große rote Zwiebeln
1 Birne
1 El Sonnenblumenöl
50 ml Weißweinessig
Saft von 1 Orange
250 g Preiselbeeren (aus dem Glas) zzgl. zum Bestreuen
100 g brauner Zucker
1 Prise Salz

1| Das Hackfleisch in eine Schüssel geben und mit den restlichen Zutaten gut vermengen. Zum Schluss mit Salz und Pfeffer abschmecken. Mit feuchten Händen aus dem Teig 4 Pattys formen und von jeder Seite etwa 4–5 Minuten grillen. Die Brötchen halbieren und die Schnittflächen auf dem Grill antoasten.

2| Für die Toppings die Quitten vierteln, schälen und das Kerngehäuse entfernen. In Spalten schneiden. In einer Pfanne den Zucker leicht karamellisieren und mit dem Wein ablöschen. Die Quitten darin dünsten, bis sie beginnen, weich zu werden, mit Zimt abschmecken. Eventuell etwas Wein nachgießen und reduzieren lassen. Nach Belieben 1 Esslöffel von der Flüssigkeit entnehmen und mit 1 Tl Stärke verrühren, zu den Quitten geben und die Flüssigkeit binden.

3| Für das Relish die Chilischote halbieren, entkernen, waschen und fein schneiden. Die Zwiebeln abziehen und fein würfeln. Die Birne schälen, vierteln, entkernen und in grobe Stücke schneiden.

4| In einem Topf das Öl erhitzen und die Chili- und Zwiebelstücke darin anschwitzen. Mit Essig und Orangensaft ablöschen. Danach die Preiselbeeren, die Birnenstücke und den Zucker unterheben. 1 Prise Salz zufügen und alles bei mäßiger Hitze köcheln lassen, bis die Mischung eingedickt ist. Abkühlen lassen.

5| Die unteren Brötchenhälften dick mit dem Preiselbeer-Relish bestreichen. Die Pattys auflegen und diese mit den Quittenspalten belegen. Mit der Weinreduktion beträufeln und einige Preiselbeeren darüberstreuen. Die obere Brötchenhälfte dazureichen.

GEFLÜGEL

Pattys aus gehacktem Geflügelfleisch, die ca. 2 cm dick sind, werden bei direkter mittlerer bis starker Hitze von jeder Seite etwa 3–4 Minuten gegrillt. Geflügelfleisch ist sehr zart, die genaue Grilldauer kann also auch einmal kürzer ausfallen.

Das Fleisch harmoniert mit Kräutern und Gewürzen wie zum Beispiel Beifuß, Bohnenkraut, Estragon, Knoblauch, Koriander, Kreuzkümmel, Petersilie, Safran, Thymian oder Zitronengras.

CHICKEN-BURGER

MIT SPECK

FÜR 4 PORTIONEN
ZUBEREITUNGSZEIT: CA. 25 MINUTEN

PRO PORTION
ca. 609 kcal/2548 kJ 41 g E 29 g F 45 g KH

BUNS

4 Weizenbrötchen (Rezept Seite 14)

PATTYS

600 g Geflügelhack vom Metzger
1 gehackte kleine Zwiebel
abgeriebene Schale von 1 unbehandelten Zitrone
2 El Schmand
1 Ei
4 El Paniermehl
½ Tl Currypulver
Salz
frisch gemahlener Pfeffer

TOPPINGS

4 Scheiben Speck
4 große Blätter Kopfsalat
1 Fleischtomate
1 Knoblauchzehe
50 g Mayonnaise (siehe Rezept Seite 20)

1| Die Zutaten bis auf die Gewürze in eine Schüssel geben und gut vermengen, anschließend mit Salz und Pfeffer abschmecken.

2| Mit feuchten Händen aus dem Teig 4 Pattys formen und von jeder Seite etwa 3–4 Minuten grillen. Die Burger-Brötchen halbieren und die Schnittflächen auf dem Grill kurz antoasten.

3| Für die Toppings den Speck in einer Pfanne bei mittlerer Hitze knusprig braten. Währenddessen den Salat waschen und trocken schütteln. Die Fleischtomate waschen und in 8 Scheiben schneiden, dabei den Stielansatz entfernen. Den Knoblauch abziehen, fein hacken. Mayonnaise und Knoblauch verrühren.

4| Die unteren Brötchenhälften mit Salat und Tomatenscheiben belegen. Je 1 Patty und 1 Scheibe Speck darauf verteilen und mit einem guten Klecks Knoblauchmayonnaise abschließen. Mit den oberen Brötchenhälften bedecken.

TANDOORI-BURGER

MIT CURRY-BLUMENKOHL

FÜR 4 PORTIONEN
ZUBEREITUNGSZEIT: CA. 30 MINUTEN (PLUS KOCHZEIT)

PRO PORTION
ca. 970 kcal/4058 kJ 44 g E 49 g F 64 g KH

BUNS

1 Naanbrot mit Sesam

PATTYS

600 g Geflügelhack vom Metzger
1 gehackte kleine Zwiebel
1 Tl Zitronenabrieb
2 El Lassi
4 El Paniermehl
2 El gehackte Trockenpflaumen
1 Ei, 1 Tl Tandoori-Gewürz für Hähnchen
1 Msp. gemahlener Kardamom
1 Tl geriebener Ingwer
Salz, frisch gemahlener Pfeffer

TOPPINGS

2 rote Paprikaschoten, 200 g Blumenkohl
200 g grüne Bohnen (aus dem Glas)
2 El Sojaöl, 1 fein gehackte Zwiebel
2 El rote Currypaste, 150 ml Kokosmilch
3 Kaffir-Limettenblätter, Zucker, Salz

Für die Currysauce:
2 kleine reife Tomaten, 2 El Pflanzenöl
1 Tl Senfsaat, 2 El Chiliflocken
2 fein gehackte Zwiebeln
½ Tl gemahlener Koriander
½ Tl Garam Masala, ½ Tl gemahlene Kurkuma
½ Tl Cayennepfeffer, Salz, frisch gemahlener Pfeffer
100 ml Kokosmilch

1| Die Zutaten für die Pattys bis auf die Gewürze in eine Schüssel geben und gut vermengen, anschließend mit den Gewürzen abschmecken. Mit feuchten Händen aus dem Teig 4 Burger formen und von jeder Seite etwa 3–4 Minuten grillen. Die Naanbrote halbieren und auf dem Grill antoasten.

2| Für die Toppings die Paprika putzen, entkernen und waschen. 1 Paprika vierteln, die andere in feine Streifen schneiden. Die Viertel auf dem Grill rösten. Den Blumenkohl putzen, waschen und in Röschen teilen. Die Bohnen halbieren oder vierteln.

3| In einer Pfanne das Sojaöl erhitzen und darin die Zwiebelwürfel mit der Currypaste anbraten. Mit Kokosmilch löschen. Die Kaffir-Limettenblätter zugeben und alles einkochen lassen, ggf. weitere Kokosmilch zugeben. Die Limettenblätter entnehmen, dann Paprikastreifen und Blumenkohl unterrühren. So lange köcheln, bis die Gemüse weich sind, dann die Bohnen zufügen. Mit Zucker und Salz abschmecken.

4| Für die Sauce die Tomaten waschen und vierteln, dabei die Stielansätze entfernen. Das Öl in einer Pfanne erhitzen und die Senfkörner darin unter Rühren zum Platzen bringen. Chiliflocken und Zwiebeln zugeben und Letztere weich schmoren. Die übrigen Gewürze und die Tomaten zugeben und weitere 5 Minuten schmoren. Kokosmilch angießen und alles zu einer sämigen Sauce reduzieren lassen.

5| Eine Brothälfte mit etwas Currysauce bestreichen und mit gegrillter Paprika belegen. Darauf 1 Patty anrichten. Den Curryblumenkohl daraufhäufeln und die andere Brothälfte aufsetzen. Mit Holzstäbchen fixieren und mit der restlichen Currysauce servieren.

ORANGEN-CURRY-BURGER

MIT ZIEGENKÄSE

FÜR 4 PORTIONEN
ZUBEREITUNGSZEIT: CA. 25 MINUTEN

PRO PORTION
ca. 744 kcal/3113 kJ 48 g E 36 g F 53 g KH

BUNS

4 Roggenbrötchen (Rezept Seite 15)

PATTYS

600 g Putenhack vom Metzger
1 gehackte kleine Zwiebel
1 Tl Abrieb von 1 unbehandelten Orange
2 El Schmand
1 Ei
4 El Paniermehl
½ Tl Currypulver
Meersalz
frisch gemahlener Pfeffer

TOPPINGS

1 kleiner Kopf Lollo rosso
1 El Traubenkernöl
1 El Himbeeressig
Meersalz
frisch gemahlener Pfeffer
1 große Orange
2 El Waldhonig
2 El grobkörniger süßer Senf
4 kleine Ziegenkäse (à 50 g)

1| Die Zutaten für die Pattys bis auf die Gewürze in eine Schüssel geben und gut vermengen, anschließend mit den Gewürzen abschmecken. Mit feuchten Händen aus dem Teig 4 Pattys formen und von jeder Seite etwa 3-4 Minuten grillen. Die Brötchen halbieren und die Schnittflächen auf dem Grill antoasten.

2| Für die Toppings den Salat waschen und trocken schleudern. Aus Öl, Essig, Salz und Pfeffer ein Dressing herstellen und den Salat damit marinieren, er sollte nicht zu feucht werden.

3| Die Orange schälen und filetieren. In einer Pfanne den Honig erwärmen und die Filets darin schwenken.

4| Die unteren Brötchenhälften mit dem Senf bestreichen und locker mit Salat bedecken. Die Pattys in den Salat betten und den Ziegenkäse auflegen. Mit noch heißen Orangenfilets bedecken und den Honig aus der Pfanne darüberträufeln. Die obere Brötchenhälfte aufsetzen und mit je 1 Holzspieß fixieren.

TERIYAKI-BURGER

FÜR 4 PORTIONEN
ZUBEREITUNGSZEIT: CA. 35 MINUTEN (PLUS ZEIT ZUM MARINIEREN)

PRO PORTION
ca. 457 kcal/192 kJ 38 g E 14 g F 40 g KH

BUNS

4 Weizenbrötchen mit Sesam (Rezept Seite 14)

PATTYS

4 Hähnchenbrustfilets (à 125 g)
4 El Sojasauce
2 El Sherry
1 El geriebener Ingwer
1 fein gehackte Knoblauchzehe
1 Tl Honig

TOPPINGS

100 g Rucola
1 Fleischtomate
1 Zwiebel
3 El mittelscharfer Senf
1 El Honig
3 El Vollmilchjoghurt
1 El Balsamico bianco
2 El Olivenöl
Salz
frisch gemahlener Pfeffer

1| Hähnchenfleisch waschen und trocken tupfen. Für die Marinade die übrigen Zutaten gut verquirlen. Das Fleisch in einen ausreichend großen Gefrierbeutel füllen und die Marinade dazugießen. Den Beutel gut verschließen und das Fleisch über Nacht marinieren lassen.

2| Die Hähnchenfilets abtropfen lassen und von jeder Seite 5–10 Minuten grillen, bis sie gar und goldbraun sind. Die Burger-Brötchen halbieren und die Schnittflächen auf dem Grill kurz antoasten.

3| Für die Toppings den Rucola waschen und trocknen. Die Tomate waschen und in Scheiben schneiden, dabei den Stielansatz entfernen. Die Zwiebel abziehen und ebenfalls in Scheiben schneiden.

4| Senf, Honig, Joghurt und Balsamico bianco gut verrühren und zum Schluss das Öl untermixen, bis eine cremige Sauce entsteht. Mit Salz und Pfeffer abschmecken.

5| Die unteren Brötchenhälften mit etwas Rucola belegen. Hähnchenfilets auflegen und darauf nacheinander die Tomatenscheiben, den restlichen Rucola und die Zwiebelringe anrichten. Mit Honig-Senf-Dressing beträufeln. Die oberen Brötchenhälften auflegen und mit je 1 Holzspieß fixieren.

ANANAS-BURGER

FÜR 4 PORTIONEN
ZUBEREITUNGSZEIT: CA. 30 MINUTEN

PRO PORTION
ca. 714 kcal/2987 kJ 47 g E 34 g F 59 g KH

BUNS

4 Ciabattabrötchen (Rezept Seite 15)

PATTYS

600 g Hähnchenhack vom Metzger
1 gehackte kleine Zwiebel
2 El Schmand
1 Ei
4 El Paniermehl
2 El gehackte glatte Petersilienblätter
1 Tl Fünf-Gewürze-Pulver
Salz
frisch gemahlener Pfeffer
4 Scheiben frische Ananas

TOPPINGS

4 große Blätter Eisbergsalat
4 Tl Mayonnaise (Rezept Seite 20)
1 Tl Currypulver
1 Msp. Chilipulver
4 Scheiben Gruyère

1| Das Hackfleisch mit allen Zutaten bis auf Gewürze und Ananas in eine Schüssel geben und alles gut vermischen. Den Teig nach Belieben würzen.

2| Die Ananasscheiben mit dem Fleischteig umhüllen, dabei das Loch in der Mitte aussparen. Die Pattys von jeder Seite etwa 3-4 Minuten grillen. Die Brötchen halbieren und die Schnittflächen kurz auf dem Grill antoasten.

3| In der Zwischenzeit für die Toppings die Salatblätter waschen und trocken schütteln. Die Mayonnaise mit dem Curry- und dem Chilipulver vermischen.

4| Die untere Ciabattahälfte mit je 1 Tl Curry-Mayonnaise bestreichen und mit je 1 Salatblatt belegen. Das Ananaspatty auf den Salat legen. Zum Schluss je 1 Scheibe Käse ergänzen und die zweite Brötchenhälfte aufsetzen.

MANGO-CHICKEN-BURGER

FÜR 4 PORTIONEN
ZUBEREITUNGSZEIT: CA. 30 MINUTEN

PRO PORTION
ca. 725 kcal/3033 kJ 44 g E 36 g F 59 g KH

BUNS

4 Weizenbrötchen (Rezept Seite 14)

PATTYS

600 g Geflügelhack vom Metzger
1 gehackte kleine Zwiebel
abgeriebene Schale von 1 unbehandelten Zitrone
2 El Schmand
1 Ei
4 El Semmelbrösel
1 Tl Pul Biber (türkische scharfe Paprikaflocken)
Salz
frisch gemahlener Pfeffer

TOPPINGS

1 reife Mango
1 Radicchio
2 El Limettensaft
1 El Honig
30 g Haselnusskerne
100 g Frischkäse
3 Zweige Koriandergrün nach Belieben

1| Die Zutaten für die Pattys bis auf die Gewürze in eine Schüssel geben und gut vermengen, anschließend mit Salz und Pfeffer abschmecken.

2| Mit feuchten Händen aus dem Teig 4 Pattys formen und von jeder Seite etwa 3-4 Minuten grillen. Die Burger-Brötchen halbieren und die Schnittflächen auf dem Grill kurz antoasten.

3| Für die Toppings die Mango schälen, Fruchtfleisch vom Kern lösen und in Streifen schneiden. Den Radicchio waschen, trocken schleudern und in feine Streifen schneiden. Limettensaft mit Honig verrühren und mit dem Radicchio vermischen. Die Haselnusskerne grob hacken.

4| Die unteren Brötchenhälften mit Frischkäse bestreichen und die Pattys auflegen. Mango und Radicchio darauf verteilen und Haselnüsse darüberstreuen. Nach Belieben mit Korianderblättchen dekorieren. Mit den oberen Brötchenhälften bedecken.

FISCH & MEERESFRÜCHTE

Einen ganzen Fisch grillen Sie bei direkter mittlerer Hitze von jeder Seite etwa 10 Minuten, ein Fischfilet bei direkter mittlerer Hitze von jeder Seite ca. 4–5 Minuten, ein Patty aus gehacktem Fleisch (ca. 2 cm dick) bei direkter mittlerer Hitze von jeder Seite ungefähr 2–3 Minuten. Bei Meeresfrüchten wie Garnelen reichen insgesamt ca. 2–5 Minuten.

Fisch und Meeresfrüchte würzen Sie mit Basilikum, Dill, Estragon, Fenchel, Ingwer, Knoblauch, Petersilie, Senf oder Zitrone.

THUNFISCH-BURGER

FÜR 4 PORTIONEN
ZUBEREITUNGSZEIT: CA. 35 MINUTEN

PRO PORTION
ca. 613 kcal/2565 kJ 45 g E 27 g F 49 g KH

BUNS

4 Weizenbrötchen (Rezept Seite 14)

PATTYS

4 Thunfischsteaks (à 150 g)
Saft von 1 Limette
2 El Pflanzenöl
Salz
frisch gemahlener Pfeffer
1 Tl getrockneter Oregano

TOPPINGS

200 g Spitzkohl
1 kleine Fenchelknolle (ca. 200 g)
2 El Pflanzenöl
1 El Weißweinessig
1 El Honig
Salz
frisch gemahlener Pfeffer
1 rote Chilischote
4 Tl Ketchup (Rezept Seite 22)

1| Die Thunfischsteaks waschen, abtupfen und beidseitig mit Limettensaft beträufeln. Das Öl mit Salz, Pfeffer und Oregano mischen und den Fisch von allen Seiten mit dem Würzöl bestreichen. Auf dem Grill von jeder Seite etwa 2-4 Minuten vorsichtig garen. Darauf achten, dass der Fisch dabei nicht zu trocken wird. Die Brötchen halbieren und die Schnittflächen kurz auf dem Grill antoasten.

2| Für die Toppings den Spitzkohl putzen, waschen, trocknen und in etwa 2 cm breite Streifen schneiden. Die Fenchelknolle putzen und dabei den Stiel, den Wurzelansatz, braune Stellen und harte Rippen entfernen. Das Fenchelgrün beiseitelegen. Die Knolle waschen und quer in feine Streifen schneiden. In einer Pfanne das Öl erhitzen und zunächst die Fenchelstreifen etwa 3 Minuten dünsten. Die Kohlstreifen hinzufügen und weitere 2 Minuten garen lassen. Essig und Honig zugeben und mit Salz und Pfeffer würzen.

3| Das Fenchelgrün waschen, trocken schütteln und fein hacken. Die Chilischote halbieren, entkernen, waschen und ebenfalls fein hacken. Mit dem Ketchup vermischen.

4| Die untere Brötchenhälfte mit je 1 Tl Chili-Ketchup bestreichen. Die Kohl-Fenchel-Mischung darauf verteilen. Je 1 Thunfischsteak auflegen und mit Fenchelgrün garnieren. Die zweite Brötchenhälfte auflegen und mit je 1 Holzspieß fixieren.

Dazu schmeckt

ROUILLE

Pro Portion ca. 333 kcal/1393 kJ
12 g E 43 g F 10 g KH

1 gelbe Paprikaschote
1 El Olivenöl
2 Scheiben trockenes Baguette
1 frische rote Chilischote
2 Knoblauchzehen
Salz
1 El Weißwein
250 g Mayonnaise
(Rezept Seite 20)

Die Paprikaschote längs halbieren, entkernen, waschen, trocknen und in Würfel schneiden. In einer Pfanne das Öl erhitzen und die Paprika darin etwa 3 Minuten anbraten. Die Brotscheiben entrinden und in Wasser einweichen. Nicht zu fest ausdrücken und in eine Schüssel geben. Die Chilischote halbieren, entkernen, waschen und in feine Scheiben schneiden. Die Knoblauchzehen schälen und ebenfalls zerkleinern. Paprika, Chili und Knoblauch mit etwas Salz im Mixer pürieren. Das Brot und den Wein zugeben und unterheben. Die sämige Paste unter die Mayonnaise rühren. Sollte die Mischung zu dünnflüssig sein, etwas mehr Brot hinzufügen.

NY-DELI-BURGER
MIT GARNELEN

FÜR 4 PORTIONEN
ZUBEREITUNGSZEIT: CA. 30 MINUTEN (PLUS ZEIT ZUM ZIEHEN)

PRO PORTION
ca. 397 kcal/1661 kJ 32 g E 17 g F 35 g KH

BUNS

4 Roggenbrötchen (Rezept Seite 15)

PATTYS

Saft von 1 Limette
2 El Olivenöl
Salz
frisch gemahlener Pfeffer
1 Knoblauchzehe
2 Zweige Thymian
500 g große küchenfertige Garnelen

TOPPINGS

200 g Rucola
½ Salatgurke
Schale von 1 unbehandelten Limette
1 Tl Limettensaft
4 Tl Mayonnaise (Rezept Seite 20)
Salz
Pfeffer
2 Stängel Kerbel

1| Für die Marinade der Garnelen in einer größeren Schüssel Limettensaft, Öl, Salz und Pfeffer vermischen. Die Knoblauchzehe schälen und in die Marinade pressen. Thymian waschen, trocken schütteln und die Blättchen abzupfen. Die Thymianblättchen fein hacken und hinzufügen. Die Garnelen abspülen, trocken tupfen, in die Marinade geben und kurze Zeit ziehen lassen.

2| In der Zwischenzeit den Rucola waschen und trocknen. Die Gurke waschen, schälen und in Scheiben schneiden. Die Limettenschale und den -saft mit der Mayonnaise vermischen.

3| Die Garnelen auf dem Grill in 2–4 Minuten garen. Dazu die Meeresfrüchte entweder auf Holzspieße stecken oder in eine mit Öl ausgepinselte Grillschale füllen. Die Reste der Marinade aufbewahren. Die Brötchen halbieren und die Schnittflächen kurz auf dem Grill antoasten.

4| Die untere Brötchenhälfte mit je 1 Tl Limettenmayonnaise bedecken. Die Gurkenscheiben auf dem Brötchen verteilen und mit Salz und Pfeffer würzen. Den Rucola dazugeben und mit der restlichen Marinade beträufeln. Die Garnelen auf dem Salat arrangieren. Den Kerbel waschen und trocken schütteln. Die Kerbelblättchen vom Stängel zupfen und den Burger damit dekorieren. Die zweite Brötchenhälfte aufsetzen.

Dazu schmeckt

APFEL-MEERRETTICH-DIP

Pro Portion ca. 131 kcal/548 kJ
2 g E   10 g F   9 g KH

- 1 kleiner säuerlicher Apfel
- 2 El Limettensaft
- 1 El frisch geriebener Meerrettich
- 100 g Naturjoghurt
- 100 g Crème fraîche
- 1 El gehackte Walnusskerne
- 1 El fein gehackte Basilikumblätter
- Salz
- frisch gemahlener Pfeffer

Den Apfel schälen, vom Kerngehäuse befreien und mit einer Reibe zu Mus zerkleinern. Sofort mit dem Limettensaft beträufeln, damit der Apfel nicht braun wird. Die übrigen Zutaten bis auf die Gewürze hinzufügen. Alles gut vermischen und nach Belieben würzen.

LACHS-BURGER
MIT SPINAT

FÜR 4 PORTIONEN
ZUBEREITUNGSZEIT: CA. 40 MINUTEN

PRO PORTION
ca. 780 kcal/3264 kJ 48 g E 35 g F 48 g KH

BUNS

4 Weizenbrötchen (Rezept Seite 14)

PATTYS

2 trockene Brötchen
ca. 200 ml lauwarme Milch
600 g Lachsfilet
1 fein gewürfelte Zwiebel
1 El gehackte krause Petersilienblätter
1 Tl gehackte Estragonblättchen
1-2 Eier
geriebene Kartoffel bei Bedarf
Salz
frisch gemahlener Pfeffer
Paniermehl

TOPPINGS

600 g junge Spinatblätter
Salz
1 Knoblauchzehe
100 g frisch geriebener Parmesan
1 Msp. Muskatnuss
frisch gemahlener Pfeffer
4 Sauerampferblätter
4 Tl Mayonnaise (Rezept Seite 20)

1| Die Brötchen würfeln, in der Milch einweichen und anschließend gut ausdrücken. Das Lachsfilet hacken oder fein schneiden. Brötchen und Fisch mit den anderen Zutaten bis auf die Gewürze und das Paniermehl in eine Schüssel geben und alles gut vermischen. Ist der Teig zu trocken, etwas Wasser, 1 zusätzliches Ei oder etwas geriebene Kartoffel unterkneten. Den Teig mit den Gewürzen nach Belieben abschmecken.

2| Mit feuchten Händen aus dem Teig 4 Pattys formen und vorsichtig im Paniermehl wälzen. Die Pattys auf dem Grill von jeder Seite etwa 2-4 Minuten bräunen. Dabei vorsichtig wenden. Die Brötchen halbieren und die Schnittflächen kurz auf dem Grill antoasten.

3| Für die Toppings den Spinat putzen und waschen. In wenig Salzwasser 3-5 Minuten blanchieren. Abtropfen lassen und gut ausdrücken. Die Knoblauchzehe schälen und in den Spinat pressen. Den Parmesan hinzufügen und alles gut vermischen. Mit Muskatnuss, Salz und Pfeffer abschmecken. Den Sauerampfer waschen, trocken schütteln und in feine Streifen schneiden.

4| Die untere Brötchenhälfte mit je 1 Tl Mayonnaise bestreichen. Den Spinat gleichmäßig darauf verteilen. Je 1 Patty auf das Gemüse legen und mit den Sauerampferstreifen garnieren. Die zweite Brötchenhälfte auflegen.

FISCH-BURGER
MIT DILLDRESSING

FÜR 4 PORTIONEN
ZUBEREITUNGSZEIT: CA. 35 MINUTEN

PRO PORTION
ca. 651 kcal/2724 kJ 42 g E 26 g F 51 g KH

BUNS

4 Weizenbrötchen (Rezept Seite 14)

PATTYS

2 trockene Brötchen
ca. 200 ml lauwarme Milch
600 g Seelachsfilet
1 fein gewürfelte Zwiebel
1 El gehackte krause Petersilienblätter
1 Tl gehackte Estragonblättchen
1–2 Eier
geriebene Kartoffel bei Bedarf
Salz
frisch gemahlener Pfeffer
Paniermehl

TOPPINGS

1 Schälchen Brunnenkresse
½ Salatgurke
1 rote Zwiebel
100 g saure Sahne
2 El gehackter Dill
1 Spritzer Zitronensaft
Salz
frisch gemahlener Pfeffer

1| Die Brötchen würfeln und 10 Minuten in der Milch einweichen, gut ausdrücken. Das Fischfilet mit dem Fleischwolf etwas gröber oder mit dem Pürierstab fein zerkleinern. Alle Zutaten bis auf die Gewürze und das Paniermehl in eine Schüssel geben und gut vermengen. Ist der Teig zu trocken, etwas Wasser, 1 zusätzliches Ei oder etwas geriebene Kartoffel unterkneten. Den Teig mit den Gewürzen nach Belieben abschmecken.

2| Mit feuchten Händen aus dem Teig 4 Pattys formen und vorsichtig im Paniermehl wälzen. Von jeder Seite etwa 3–4 Minuten vorsichtig grillen. Die Burger-Brötchen halbieren und die Schnittflächen kurz auf dem Grill antoasten.

3| Für die Toppings die Brunnenkresse abschneiden, waschen, trocknen und grob hacken. Die Salatgurke schälen und in Scheiben schneiden. Die Zwiebel abziehen und ebenfalls in Scheiben schneiden. Saure Sahne mit Dill verrühren und mit Zitronensaft, Salz und Pfeffer abschmecken.

4| Die unteren Brötchenhälften mit etwas Brunnenkresse belegen und die Pattys darauf platzieren. Gurken- und Zwiebelscheiben darauf arrangieren und mit Brunnenkresse abschließen. Dilldressing darüber verteilen. Mit den oberen Brötchenhälften bedecken.

VEGGIES

Es empfiehlt sich, vegetarische Pattys, die ca. 2 cm dick sind, bei direkter mittlerer Hitze pro Seite etwa 3–4 Minuten zu grillen – das hängt natürlich von den Zutaten Ihres Pattys ab.

Basilikum, Bohnenkraut, Cayennepfeffer, Chili, Curry, Estragon, Knoblauch, Koriander, Kreuzkümmel, Kümmel, Lorbeer, Muskat, Oregano, Paprika, Petersilie oder Rosmarin, um nur einige Beispiele zu nennen, verleihen die nötige Würze.

BÄRLAUCH-KÄSE-BURGER

FÜR 4 PORTIONEN
ZUBEREITUNGSZEIT: CA. 35 MINUTEN

PRO PORTION
ca. 1033 kcal/4322 kJ 39 g E 80 g F 39 g KH

BUNS

4 Weizenbrötchen (Rezept Seite 14)

PATTYS

400 g Halloumi
1 rote Chilischote
1 Zweig Rosmarin
4 El Olivenöl
1 El Zitronensaft
2 Knoblauchzehen
Salz
frisch gemahlener Pfeffer

TOPPINGS

1 Aubergine
1 Zucchini
2 rote Zwiebeln

Für das Bärlauchpesto:
1 Bund Bärlauch
50 g gemahlene Mandeln
50 g frisch geriebener Parmesan
100 ml Olivenöl
Salz
frisch gemahlener Pfeffer

1| Für das Pesto den Bärlauch waschen, trocken schütteln und in feine Streifen schneiden. In einer kleinen Pfanne die Mandeln ohne Zugabe von Fett etwas anrösten. Bärlauch, Mandeln und Parmesan in einem Mörser mit dem Olivenöl zerstoßen. Alternativ im Mixer pürieren. Mit Salz und Pfeffer abschmecken.

2| Den Halloumi längs halbieren. Die Chilischote aufschneiden, entkernen, waschen und klein schneiden. Den Rosmarin waschen, trocken schütteln und die Nadeln fein hacken. Chili und Rosmarin mit dem Öl vermischen, den Zitronensaft hinzufügen. Die Knoblauchzehen schälen und in die Marinade pressen. Mit Salz und Pfeffer würzen.

3| Für die Toppings Aubergine und Zucchini waschen, trocken reiben, putzen und in Scheiben schneiden. Die Zwiebeln schälen und in feine Ringe schneiden.

4| Die Halloumischeiben von beiden Seiten mit der Hälfte der Marinade bestreichen. Die andere Hälfte für die Auberginen- und Zucchinischeiben verwenden. Den Käse und das Gemüse auf dem Grill in etwa 4–6 Minuten von beiden Seiten bräunen.

5| Die Brötchen halbieren und den unteren Teil mit der Hälfte des Bärlauchpestos bestreichen. Die Auberginen- und Zucchinischeiben darauf verteilen. Je 1 Scheibe Halloumi auflegen, mit dem restlichen Pesto beträufeln und mit den Zwiebelringen garnieren. Die oberen Brötchenhälften anlegen.

Dazu schmeckt

KRÄUTERDIP

Pro Portion ca. 214 kcal/895 kJ
8 g E 19 g F 3 g KH

200 g Doppelrahmfrischkäse
100 g Sahnequark
4 El gehackte Kräuter (z. B. Schnittlauch, Kerbel, Estragon)
1 El Zitronensaft
Salz
frisch gemahlener Pfeffer

Frischkäse mit Quark und Kräutern gut verrühren, dann mit Zitronensaft, Salz und Pfeffer abschmecken.

VEGGIE-BURGER
MIT KRÄUTERDIP

FÜR 4 PORTIONEN
ZUBEREITUNGSZEIT: CA. 30 MINUTEN (PLUS QUELLZEIT)

PRO PORTION
ca. 416 kcal/1741 kJ 21 g E 13 g F 92 g KH

BUNS

4 Roggenbrötchen (Rezept Seite 15)

PATTYS

1 El Öl
1 fein gewürfelte Zwiebel
150 g Grünkernschrot
Gemüsebrühe zum Quellen
1 Karotte
2 El gehackte Petersilie
1–2 Eier
geriebene Kartoffel bei Bedarf
Salz
frisch gemahlener Pfeffer

TOPPINGS

4 große Blätter Kopfsalat
2 Tomaten
½ Bund Radieschen
1 rote Zwiebel
4 El Ketchup (Rezept Seite 22)

1| Das Öl in einer Pfanne erhitzen und die Zwiebel darin glasig dünsten. Grünkern und Gemüsebrühe zugeben. Grünkernschrot etwa 10 Minuten quellen, dann abkühlen lassen. Währenddessen die Karotte putzen, schälen und fein raspeln. Karotte, Petersilie und 1 Ei zur abgekühlten Grünkernmischung geben und gut einarbeiten. Ist der Teig zu trocken, etwas Wasser, 1 zusätzliches Ei oder etwas geriebene Kartoffel unterkneten. Den Teig mit den Gewürzen nach Belieben abschmecken.

2| Mit feuchten Händen aus dem Teig 4 Pattys formen und von jeder Seite etwa 6 Minuten vorsichtig grillen.

3| Für die Toppings die Salatblätter waschen und trocken schütteln. Die Tomaten und die Radieschen waschen, putzen und in Scheiben schneiden. Die Zwiebel abziehen und ebenfalls in Scheiben schneiden.

4| Die unteren Brötchenhälften mit Ketchup bestreichen und die Salatblätter darauf verteilen. Die Pattys auflegen und Tomaten-, Radieschen- und Zwiebelscheiben darauf arrangieren. Die oberen Brötchenhälften auflegen und mit je 1 Holzspieß fixieren.

VEGGIE-BURGER
MIT SPITZKOHL

FÜR 4 PORTIONEN
ZUBEREITUNGSZEIT: CA. 30 MINUTEN (PLUS QUELLZEIT)

PRO PORTION
ca. 503 kcal/2105 kJ 18 g E 18 g F 67 g KH

BUNS

4 Weizenbrötchen (Rezept Seite 15)

PATTYS

150 g Bulgur
Gemüsebrühe zum Quellen
1 mittelgroße Karotte
1 fein gehackte Zwiebel
1 Knoblauchzehe
1 El Mehl
4 El Paniermehl
1 El gehackte glatte Petersilienblätter
1–2 Eier
geriebene Kartoffel bei Bedarf
1 Tl gemahlener Koriander
Salz
frisch gemahlener Pfeffer

TOPPINGS

50 g Sesamsaat
150 g Spitzkohl
1 Karotte
2 El Reisessig
1 El Sesamöl
Salz
frisch gemahlener Pfeffer
½ Salatgurke
4 El Ketchup (Rezept Seite 22)

1| Den Bulgur nach Packungsangabe in Brühe ausquellen lassen. Die Karotte putzen, schälen und fein raspeln. In einer Schüssel den etwas abgekühlten Bulgur mit der Karotte und den Zwiebelwürfeln vermischen. Die Knoblauchzehe schälen und dazupressen. Mehl, Paniermehl, Petersilie und verquirltes Ei zugeben und unterkneten. Ist der Teig zu trocken, etwas Wasser, 1 zusätzliches Ei oder etwas geriebene Kartoffel unterkneten. Den Teig mit den Gewürzen nach Belieben abschmecken.

2| Mit feuchten Händen aus dem Teig 4 Pattys formen und von jeder Seite etwa 4–5 Minuten grillen. Die Burger-Brötchen halbieren und die Schnittflächen auf dem Grill kurz antoasten.

3| Für die Toppings Sesam in einer Pfanne ohne Fett rösten. Den Spitzkohl putzen, waschen, trocknen und in feine Streifen schneiden. Die Karotte schälen und raspeln. Aus Essig, Öl, Salz und Pfeffer ein Dressing rühren und mit Spitzkohl und Karotte vermengen. Die Sesamsaat unter den Salat mischen. Die Salatgurke schälen und in Scheiben schneiden.

4| Die unteren Brötchenhälften mit Ketchup bestreichen. Pattys auflegen und darauf Gurkenscheiben und Spitzkohlsalat verteilen. Die oberen Brötchenhälften aufsetzen.

KICHERERBSEN-BURGER

MIT BOHNEN-CHILI-SALSA

FÜR 4 PORTIONEN
ZUBEREITUNGSZEIT: CA. 35 MINUTEN (PLUS KOCHZEIT)

PRO PORTION
ca. 912 kcal/3816 kJ   36 g E   22 g F   143 g KH

BUNS

1 Fladenbrot mit Sesam

PATTYS

1 El Pflanzenöl
1 fein gehackte Knoblauchzehe
1 fein gehackte Schalotte
1 entkernte, fein gehackte grüne Chilischote
1 Msp. Garam Masala
1 Msp. gemahlene Kurkuma
1 Tl gemahlener Kreuzkümmel
500 ml Gemüsebrühe
250 g Kürbis (geputzt gewogen)
200 g Kichererbsen (aus der Dose)
2 El geröstetes Kichererbsenmehl
1 Handvoll grob gehackte Korianderblätter
2 El Paniermehl, Meersalz

TOPPINGS

2 El Olivenöl, 1 fein gehackte Zwiebel
2 fein gehackte Knoblauchzehen
1 entkernte, fein gehackte rote Paprikaschote
1 Dose Kidneybohnen (ca. 400 g)
1 Dose gehackte Tomaten (ca. 400 g)
2 El grob gehackte Korianderblätter
2 El Kreuzkümmel
1 El Chilipulver zzgl. etwas zum Bestreuen
2 geschälte Rote Beten
4 El Schmand

1| In einer Pfanne das Pflanzenöl erhitzen und darin Knoblauch, Schalottenwürfel und Chili weich dünsten. Garam Masala, Kurkuma und Kreuzkümmel kurz mitdünsten. Beiseitestellen.

2| Die Gemüsebrühe aufkochen. Den Kürbis würfeln und in der Brühe garen, dann die Kichererbsen für wenige Minuten zugeben. Abgießen und im Mixer grob pürieren. Mehl, Koriander, Paniermehl und den Pfanneninhalt dazugeben, alles gut vermengen und abschmecken.

3| Mit feuchten Händen Pattys formen, ggf. mehr Paniermehl verwenden, und 2–3 Minuten von jeder Seite vorsichtig grillen. Das Fladenbrot vierteln, die Viertel aufschneiden und auf dem Grill anrösten.

4| Für die Toppings in einer Pfanne das Olivenöl erhitzen und Zwiebelwürfel, Knoblauch und Paprika darin weich dünsten. Bohnen und Tomaten mit den Gewürzen dazugeben und alles köcheln, bis eine sämige Mischung entstanden ist. Ggf. etwas Wasser zugeben und sehr grob zermusen, nochmals kräftig abschmecken. Die Rote Beten in sehr feine Scheiben schneiden.

5| Die unteren Fladenbrotstücke dick mit der Bohnen-Chili-Salsa bestreichen und die Pattys darauflegen. Mit Rote-Bete-Scheiben belegen und jeweils einen großen Klecks Schmand daraufgeben, mit Chilipulver bestreuen. Die oberen Brotstücke aufsetzen.

Dazu schmecken Nachos (Rezept Seite 17).

ERDNUSSBUTTER-BURGER

FÜR 4 PORTIONEN
ZUBEREITUNGSZEIT: CA. 35 MINUTEN (PLUS QUELL- UND KOCHZEIT)

PRO PORTION
ca. 481 kcal/2013 kJ 19 g E 18 g F 61 g KH

BUNS

4 Roggenbrötchen (Rezept Seite 15)

PATTYS

150 g Bulgur
Gemüsebrühe zum Quellen
1 Zwiebel
2 El Butter
200 g Erbsen (aus dem Glas)
Salz
1 Prise Zucker
1 El Mehl
4 El Paniermehl
1 El gehackte glatte Petersilienblätter
1-2 Eier
geriebene Kartoffel bei Bedarf
frisch gemahlener Pfeffer

TOPPINGS

400 g Rucola
1 große Fleischtomate
1 El Olivenöl
1 Tl Himbeeressig
Salz
frisch gemahlener Pfeffer
4 Tl Erdnussbutter mit Stücken (crunchy)

1| Den Bulgur nach Packungsangabe in Brühe ausquellen lassen. Die Zwiebel schälen und fein hacken. In einem Topf die Butter zerlassen und die Zwiebelwürfel darin glasig dünsten. Die Erbsen sowie Salz und Zucker hinzufügen. Etwas Wasser angießen und alles etwa 10 Minuten köcheln. Das Wasser abgießen.

2| In einer Schüssel den Bulgur mit den Erbsen und mit Mehl, Paniermehl, Petersilie und verquirltem Ei vermischen. Ist der Teig zu trocken, etwas Wasser, 1 zusätzliches Ei oder etwas geriebene Kartoffel unterkneten. Den Teig mit den Gewürzen nach Belieben abschmecken.

3| Mit angefeuchteten Händen aus dem Teig 4 Pattys formen und auf dem Grill etwa 10 Minuten bräunen. Dabei vorsichtig wenden. Die Brötchen halbieren und die Schnittflächen auf dem Grill leicht antoasten.

4| Für die Toppings den Rucola waschen, trocknen und grob zerkleinern. Die Tomate waschen und in Scheiben schneiden, dabei den Stielansatz entfernen. Aus Öl, Essig und Gewürzen ein leichtes Dressing bereiten.

5| Die unteren Brötchenhälften mit Erdnussbutter bestreichen und mit den Rucolablättern belegen. Etwas Dressing über den Salat träufeln. Die Pattys auflegen und mit den Tomatenscheiben bedecken. Die oberen Brötchenhälften auflegen.

Dazu schmeckt

FEURIGER KÄSEDIP

Pro Portion ca. 140 kcal/586 kJ
3 g E 14 g F 1 g KH

5 frische rote Peperoni
2 Knoblauchzehen
Salz
6 El grob geriebener Parmesan
1 Tl Limettensaft
1 Tl fein gehackte Korianderblätter
4 El Olivenöl

Die Peperoni aufschneiden, entkernen, waschen, trocken tupfen und fein hacken. In einen Mörser oder einen Mixer geben. Die Knoblauchzehen schälen, grob hacken und mit etwas Salz hinzufügen. Alles fein pürieren. Den Käse, den Limettensaft und den Koriander zugeben. Unter kräftigem Schlagen das Öl nach und nach unterrühren, bis eine homogene Mischung entstanden ist.

ROQUEFORT-BURGER

FÜR 4 PORTIONEN
ZUBEREITUNGSZEIT: CA. 30 MINUTEN (PLUS EINWEICH- UND KOCHZEIT)

PRO PORTION
ca. 734 kcal/3071 kJ 29 g E 43 g F 55 g KH

BUNS

4 Roggenbrötchen (Rezept Seite 15)

PATTYS

30 g getrocknete Sojabohnen
1 rote Zwiebel
1 mittelgroße Karotte
80 g Roquefort
60 g gemahlene Mandeln
1 El Kichererbsenmehl
4 El Paniermehl
1 El Sesamsaat
1 Ei
1 Tl gemahlener Kreuzkümmel
1 Tl Sojasauce
1 Tl gemahlener Koriander
Salz
frisch gemahlener Pfeffer
2 El Olivenöl zum Bestreichen

TOPPINGS

4 Blätter Friséesalat
2 Birnen
150 g Roquefort
100 g Naturjoghurt
2 El Crème fraîche
1 Tl Zitronensaft
Salz
frisch gemahlener Pfeffer

1| Die Bohnen 24 Stunden in kaltem Wasser einweichen, dann abspülen und gut abtropfen lassen. Alternativ dazu können auch Sojabohnen aus der Dose (ca. 100 g) verwendet werden, die keine Einweichzeit und keine Kochzeit erfordern.

2| In einem großen Topf die Bohnen mit Wasser bedecken und etwa 1,5 Stunden bei geringer Temperatur weich kochen. Das Wasser abgießen, die Bohnen abspülen und abtropfen lassen.

3| Die Zwiebel abziehen und fein hacken, die Karotte putzen, schälen und fein raspeln. Bohnen, Zwiebelwürfel, Karotte, Käse und Mandeln im Mixer grob zerkleinern. In einer Schüssel mit den übrigen Zutaten bis auf Gewürze und Olivenöl vermischen. Nach Belieben mit den Gewürzen abschmecken.

4| Mit angefeuchteten Händen aus dem Teig 4 Pattys formen. Auf beiden Seiten mit dem Olivenöl bestreichen und auf dem Grill etwa 10 Minuten bräunen. Dabei vorsichtig wenden. Die Brötchen halbieren und die Schnittflächen auf dem Grill leicht antoasten.

5| Für die Toppings die Salatblätter waschen und trocken schütteln. Die Birnen schälen, vierteln, entkernen und in Scheiben schneiden. Den Käse mit einer Gabel zerdrücken und mit Joghurt, Crème fraîche und Zitronensaft vermengen. Nach Belieben würzen.

6| Die unteren Brötchenhälften mit je 1 Salatblatt bedecken. Die Pattys auflegen und mit den Birnenscheiben garnieren. Die Roquefortcreme darauf verteilen. Die oberen Brötchenhälften auflegen und alles mit je 1 kleinen Holzspieß fixieren.

REZEPTVERZEICHNIS

Aioli 21
Aloha-Burger 58
Ananas-Burger 84
Apfel-Meerrettich-Dip 94
Aprikosen-Chutney 59

Bacon-Burger mit Steinpilzen 61
Bärlauch-Käse-Burger 100
BBQ-Sauce 23
Breakfast-Burger 50
Buffalo-Ranch-Burger 30
Burger Andalusisch 42
Burger Mediterran 35
Burger Orientalisch 40

Caesar's Salad 18
Caesar's-Salad-Burger 46
Cheeseburger, Double-Double- 29
Chicken-Burger mit Speck 76
Ciabatta-Buns 15
Cole Slaw 19
Curry-Burger 53

Erdnussbutter-Burger 108

Fisch-Burger mit Dilldressing 96

Garten-Wildkräuter-Salat 19
Granatapfel-Relish 69
Grüne Peperoni, gegrillte 56
Guacamole 22

Hamburger 26
Haselnusspesto 55
Home Made Fries 16

Ibérico-Burger mit Chorizo 57

Käsedip, feuriger 109
Kebab-Burger mit Grillgemüse 67
Ketchup 22
Kichererbsen-Burger
mit Bohnen-Chili-Salsa 107
Kräuterdip 102

Lachs-Burger mit Spinat 95
Lamm-Auberginen-Burger 71
Lamm-Burger Griechisch 65
Lamm-Spinat-Burger 68

Maiskolben 28
Mango-Chicken-Burger 87
Mango-Chili-Salsa 52
Marsala-Champignons 31
Mayonnaise 20
Mexican Burger 36

Nachos 17
NY-Deli-Burger mit Garnelen 93

Orangen-Curry-Burger
mit Ziegenkäse 81

Paprika-Relish 34
Parmaschinken-Burger
mit Mozzarella 54
Pesto verde 55
Pfifferling-Burger 39

Reh-Burger mit Quitten
und Preiselbeer-Relish 72
Roggen-Buns 15
Roquefort-Burger 111
Rouille 92

Sour Cream 21
Steak-Frites-Burger 33
Surf & Turf 45

Tandoori-Burger mit
Curry-Blumenkohl 78
Teriyaki-Burger 83
Thunfisch-Burger 90
Tomaten-Chili-Salsa 44

Veggie-Burger mit Kräuterdip 103
Veggie-Burger mit Spitzkohl 104

Wedges 17
Weizen-Buns 14

Zwiebelringe, frittierte 19